Und wo geht's bitte zu MEINEM Leben?

Wie Sie wieder zu sich und Ihrem Potenzial finden

Ursula Velling

Und wo geht's bitte zu MEINEM Leben?

Wie Sie wieder zu sich und Ihrem Potenzial finden

Jungs Verlag

ISBN: 978-3-93892544-7

1. Auflage. Erschienen 2019 bei Jungs Verlag, Limburg/Lahn

Bildnachweis:
Coverfoto: Martin, Adobe Stock (161970265-002)
Porträtfotos: Astrid Malzahn

Covergestaltung: Ilona Köllner
Layout und Satz: Jung Medienpartner GmbH, Limburg/Lahn

Druck und Bindung: Alföldi Nyomda, Debrecen/Ungarn
Printed in Hungary

Klimaneutral
Druckprodukt
ClimatePartner.com/13152-1910-1003

Dieses Buch wurde klimaneutral hergestellt.
www.climatepartner.com/de/klimaneutral-drucken

Inhalt

Prolog

Es war Ende Januar 2017, als ich auf der Feier einer sehr guten Freundin zu ihrem 50. Geburtstag einen schönen Abend verbrachte. Solche Feste bieten ja auch immer die Gelegenheit, die Freunde der Freunde zu treffen, und so sah ich auch Linda wieder. Sie hatte schon als kurzzeitige Klientin in meiner Praxis Gelegenheit gehabt, meine professionelle Seite kennenzulernen, und schätzte mich auch in meiner psychologischen Kompetenz. Linda und ich kamen ins Gespräch, und dann sagte sie plötzlich: *„Ursula, Du solltest unbedingt mal ein Buch schreiben. Du weißt so viel, und du hast so viel zu sagen! Daran solltest Du viele Menschen teilhaben lassen."*

Ich war irritiert und verwirrt durch Lindas Bemerkung und wehrte ziemlich schnell ab, mit Worten wie: *„Ich? Wie kommst Du denn da drauf?"* Ich hielt es für einen Irrtum ihrerseits, weil ich glaubte, so etwas gar nicht zu können. Natürlich fühlte ich mich für einen kleinen Moment auch geehrt von ihrer Wertschätzung mir gegenüber. Die Begegnung mit Linda hatte mich berührt, und so hing mir der Gedanke noch einige Monate nach.

Bis zu einer weiteren Begegnung fünf Monate später mit einer anderen Frau, Coach und professionelle Astrologin, in der erneut das Buchthema an mich herangetragen wurde. Sie fand es eine gute Idee, mein fachliches Wissen sowie meine beruflichen und persönlichen Weiterbildungserfahrungen der letzten 30 Jahre in einem Buch zusammenzufassen – als gute Abrundung eines langen Abschnitts meines Lebens. Da ich wenig an Zufälle glaube, ließ ich diese Botschaften weiter auf mich wirken und fand immer mehr Resonanz dazu. Ich beschäftigte mich mit dem Thema, wie man Sach- und Ratgeberbücher schreibt, suchte nach einem möglichen Thema für das Buch, und so nahm alles seinen Lauf …

Jetzt, im Herbst 2019, ist das Buch geschrieben und gedruckt, ich freue mich sehr darüber, es Ihnen präsentieren zu können! Es hat mir große Freude bereitet, mich in diesem Buch persönlich zum AUS-druck gebracht zu haben. Auf diesem Wege konnte ich die vielen EIN-drücke aus meinem Leben, meinem Wissen, den gelesenen Büchern, den vielen Weiterbildungen, der langjährigen Berufserfahrung und vielem mehr nach außen tragen, und auch andere Menschen daran teilhaben lassen.

Bei vielen Büchern gibt es beim Thema und Inhalt eines Buches immer (biographische) Zusammenhänge zur Person des Autors zu entdecken. Und natürlich ist es auch bei mir so. Ich bin selbst einen Weg der Befreiung von begrenzenden Verhinderungen gegangen, und war – und bin es immer wieder noch – auf der Suche nach dem wirklich Eigenen und Stimmigen für mich persönlich. Ich habe selbst erfahren, wie lohnend es ein kann, der inneren Stimme und der inneren Wahrheit zu folgen, sich selbst treu zu werden oder zu bleiben sowie den Mut und die Kraft aufzubringen, diesen auch Taten folgen zu lassen.

Diese persönlichen Entwicklungsschritte waren auch immer wieder mal schmerzlich, aber dieser Weg hat mich auch authentischer werden lassen und im guten Sinne zu größerer Autonomie und innerer Freiheit geführt. Diese wachsende innere Freiheit ist mir ein hoher Wert für mein Leben geworden, und sie steht so gar nicht im Widerspruch zu meiner Verbindlichkeit, Verantwortlichkeit und Bereitschaft zu Bindung und Verbindung. Denn sie ist ein wahrlich großer Schlüssel zu wirklich *eigenem* Leben!

Mein Anliegen mit diesem Buch ist es, Ihnen einen Weg vom Bewusstwerden der eigenen Verhinderungen hin zu einer wirklichen Gestaltungsmöglichkeit von einem eigenen Leben aufzuzeigen. Im ersten Teil *„Ein Blick zurück"* beschreibe ich die wichtigsten Einflussfaktoren von Verhinderung von eigenem Leben, und wie Sie diese verändern oder sich mit Ihrer Vergangenheit versöhnen können. Im zweiten Teil *„Ein Blick nach innen"* lade ich Sie ein, in Ihr Inneres zu horchen. Um dort Ihr Wesen, Ihr Potenzial, Ihre Wünsche, Träume und Visionen zu entdecken und sich dann bewusst neu für das Eigene und Ihren Herzenswunsch entscheiden zu können. Im dritten

Teil *„Ein Blick nach vorne"* geht es um die Kunst der praktischen Umsetzung Ihres neu konzipierten, wirklich eigenen Lebens, sowohl in seiner klaren absichtsvollen Ausrichtung als auch in der Notwendigkeit von permanenten Anpassungsprozessen.

Dieses Buch habe ich für Menschen aller Altersgruppen geschrieben. Möglicherweise wird es aber ganz besonders Menschen im mittleren Lebensalter ansprechen, dies aus zweierlei Gründen: Zum einen, weil das mittlere Lebensalter viele von uns noch mal zu Aufbruch und Umorientierung zwingt, sei es durch besondere Ereignisse und Krisen im Leben ausgelöst, oder weil das bisher Gelebte nicht mehr weiter stimmig ist und nicht mehr zufrieden macht. Zum anderen, weil ich mich selbst in dieser Lebensphase befinde, schon auf ein ganzes Stück gelebtes Leben zurückblicke und privat und beruflich besonders viel Kontakt zu Menschen dieser Altersgruppe habe.

Ich habe aber auch bereits beim Ankündigen dieses Buches gegenüber jungen Menschen erlebt, wie relevant dieses Thema natürlich auch für sie ist, gerade weil ihnen noch so viel breitere und größere neue Weichenstellungen für das Stimmige und wirklich Eigene möglich sind. Schließlich bin ich fest davon überzeugt, dass Sie in jedem Lebensalter immer noch ganz wichtige neue Ausrichtungen in Ihrem Sinne vornehmen können. Es ist also nie zu spät!

Dieses Buch ist für die Menschen bestimmt, die eine Sehnsucht verspüren nach einer anderen Qualität von Leben, nach mehr Selbstbestimmung und eigener Wahlfreiheit für ihr persönliches Leben. Es soll Ihnen Mut machen und Sie inspirieren, auf Ihr eigenes Leben zu schauen, um ihm dann genau in den Bereichen eine neue Richtung zu geben, die Sie für sich gerade aktuell wählen und für besonders wichtig und relevant erachten. Ich wünsche Ihnen viel Freude beim Lesen und bereichernde neue Erkenntnisse und Einsichten. Betrachten Sie das Buch als einen großen Blumenstrauß von Angeboten, und greifen Sie gerne das heraus, womit Sie in Resonanz gehen!

Ihre Ursula Velling,
im Herbst 2019

„Ich glaube, dass das Leben vorwärts gelebt und erst rückwärts verstanden wird."

Soeren Kierkegaard

Teil 1
Ein Blick zurück

Ist das IHR Leben?

„Ich habe irgendwie nie MEIN Leben gelebt, immer nur funktioniert und es den Anderen recht gemacht. Mich selbst habe ich irgendwann unterwegs verloren."

Dies sind die Worte einer Klientin von mir – sie heißt Anna – im Erstgespräch nach einer guten halben Stunde, in der sie mir aus ihrem Leben erzählt hat. Sie ist schon immer die liebe, brave Tochter gewesen, die dafür gesorgt hat, dass es Mama und Papa gut geht, die als fleißige Schülerin einen guten Schulabschluss gemacht hat und dann – ganz im Sinne des Vaters – eine Berufswahl getroffen hat, die Status und Sicherheit versprach: Sie ist Juristin geworden. Mit ihrem Herzenswunsch des Modedesigns hat diese berufliche Richtung gar nichts zu tun gehabt, dennoch hat sie jahrelang bis heute sehr gut in ihrem Beruf funktioniert.

Heute in der Rückschau sieht Anna auch ihr Privatleben kritisch: Emotional wirklich mal auf eigenen Beinen gestanden – *selbst-ständig* – habe sie nie wirklich. Vom Elternhaus aus sei sie schnell ins nächste Nest geflogen, als sie mit ihrem ersten Freund und späteren Ehemann gleich zusammenzog, darauf folgten Trennungen und weitere Partnerschaften ... Einige körperliche Beschwerden wie Herzrasen und nächtliche Panikattacken sind dann Auslöser gewesen für den Kontakt mit mir als Psychologin – nach diversen Arztbesuchen. Sie hat gemerkt, dass ihr Körper sie auf Missstände hinweisen wollte, und die Symptome haben ihr auch ihre Unzufriedenheit mit ihrem Leben spürbar gemacht. Ihre Sehnsucht ist groß, dieses Leben endlich selbstbestimmt führen zu wollen:

„Ich will wissen, was ich will, und ich will nicht mehr nur das leben, was andere von mir wünschen und erwarten."

Anna steht beispielhaft für viele Menschen, denen ich schon begegnet bin und die unter diesem entfremdeten Gefühl litten. Auch ich persönlich kenne aus bestimmten Zeiten meines bisherigen Lebens das Gefühl, nicht zu meinem eigenen Leben zu kommen, weil es immer wieder wichtiger schien, für die anderen da zu sein. Egon Friedell drückt dieses Gefühl in dem provokativen Satz aus:

„Die wenigsten Menschen leben ihre eigene Biographie."

Blick auf die Vergangenheit

Die Geschichte von Anna und die Frage *„Ist das IHR Leben?"* gleich zu Anfang dieses Buches lassen vermuten, dass es gar nicht so selbstverständlich ist, das wirklich eigene Leben gelingen zu lassen. Stattdessen gibt diese Frage uns bereits Hinweise auf diverse Verhinderungen, die genau das erwünschte und persönliche Leben nur eingeschränkt oder unmöglich werden lassen können. Wenn Sie auf diese Weise jetzt gerade mal an- und innehalten und über Ihr Leben reflektieren, dann lade ich Sie ein, gleich auch den Blick zu erweitern auf Ihre Vergangenheit und sich zu fragen: *„WAR das MEIN Leben"?*

Aber vielleicht fragen Sie sich auch: Warum jetzt die alten Geschichten aufwühlen? Meine Kindheit und Jugend sind doch lange vorbei! Ja, nur haben Sie eben in dieser Zeit viel über das Leben gelernt. Und all das steckt immer noch in Ihren Zellen. Alle Erfahrungen, die Sie gemacht haben, haben Bilder über Sie selbst erschaffen und ebenso viele Glaubenssätze in Ihrem Unbewussten entwickeln lassen, von denen Sie noch heute ferngesteuert werden. Das sind Programme in Ihnen, die wirken. Wenn Sie ehrlich in sich hineinhorchen, meldet sich vielleicht eine Stimme, die Ihnen – wie vielen von uns – sagt:

„Wie oft habe ich mich in meinem Leben danach ausgerichtet, vieles richtig und es vielen Menschen recht zu machen!", oder *„Wie oft habe ich einer Sache zugestimmt, zu etwas Ja gesagt, wo ich hätte Nein sagen sollen!"*

Aber wie kann es überhaupt dazu gekommen sein, dass Sie möglicherweise ein Leben wählen oder gelebt haben, welches gar nicht Ihr eigenes ist, Ihnen nicht wirklich entspricht?

Wenn ich mit Ihnen zu Beginn des Buches noch einmal gemeinsam auf Ihre Vergangenheit schaue, dann will ich genau diese Frage beantworten, mit folgender Absicht:

- Sie können auf diesem Wege noch mal zu einem anderen Verständnis des Geschehenen gelangen und sich damit dann auch mit Ihrer Vergangenheit aussöhnen.

- Die Einflüsse Ihrer Vergangenheit haben Spuren hinterlassen, die bis heute wirken. Wenn Sie sich dessen bewusst werden, haben Sie heute die Möglichkeit, etwas zu verändern!

Ganz und gar *nicht* ist es meine Absicht, Sie etwa in einem Opfergefühl Ihrer so schwierigen vergangenen und heutigen Le-bensumstände zu bestärken und Sie damit handlungsunfähig werden zu lassen. Mir geht es in meinem Buch vielmehr gerade darum, dass Sie immer mehr zu dem Leben kommen können, welches wirklich ganz Ihren Herzenswünschen entspricht. Ich will Ihren Schöpfergeist aktivieren, damit Sie sich so ausrichten können, wie Sie es sich erträumen.

Zurück zur Vergangenheit: Wo könnte es sich lohnen, noch mal hinzuschauen?

Was uns schon früh vom *eigenen* Leben abhielt

Was können das für frühe Erfahrungen sein, die uns später davon abhalten können, ein eigenes und selbstbestimmtes Leben zu führen? Zu Beginn will ich zwei besondere Einflüsse und Anpassungsprozesse in unseren frühen Jahren beschreiben, die viele von uns vom eigenen, für uns stimmigen Weg abgebracht haben. Der erste Einfluss bezieht sich auf unseren *Entdecker- und Gestaltungsgeist:*

Wir alle starteten mit einer uns wesensgemäßen inneren Natur, und ganz besonders mit einem natürlichen Entdecker- und Gestaltungsgeist. Der wurde uns dann in den meisten Fällen bereits früh abtrainiert. Wir wurden zu erheblichen Anpassungsprozessen gezwungen, um den Anforderungen und Erwartungen unserer Umgebung gerecht werden zu können. Denn schließlich wollten wir geliebt werden und dazugehören.

Das bedeutete auch: Wir wurden als Kinder zum Objekt der Vorstellungen, Absichten, Erwartungen und Ziele unserer Eltern und Bezugspersonen. Wir wurden hineingepresst in ein Schema, welches diese und insbesondere auch das Schulsystem für wichtig befanden – ganz besonders, wenn es ums Lernen ging. Die Bewertung wurde meist höher angesiedelt als die Freude am Tun. Wir lernten, dass nicht die Freude der entscheidende Faktor bei der eigenen Gestaltung ist, sondern das Ergebnis. In der Folge verloren wir dann die sogenannte *Intrinsische Motivation,* also unsere Eigenmotivation zum Lernen und Gestalten. Und wir machten uns abhängig von der Bewertung und Anerkennung in Familie, Freundeskreis und Schule.

Als Erwachsene funktionieren wir dann auch in der Berufswelt oftmals wie ein Zahnrad im Getriebe, um zu dem wertvollen Gut von Anerkennung für unsere Leistung zu kommen. Die eigenen Gestaltungswünsche finden irgendwann immer weniger Raum. Und sie werden immer mehr unterdrückt oder nach unten – ins Unbewusste und Unerreichbare – verdrängt. Bei vielen von uns macht sich irgendwann im Laufe unseres Lebens aber wieder eine Stimme bemerkbar, die Lust auf Gestaltungsspielraum und Selbstbestimmung hat! Dann streben wir danach, uns wieder raus zu *ent-wickeln,* aus dem eingefahrenen Muster, in das wir uns zuvor *ver-* und *einge-wickelt* hatten. Wie die Raupe, die aus dem Kokon heraus und als Schmetterling frei fliegen können will.

In welchen Bereichen Ihres Lebens kennen Sie ein ähnlich eingeschränktes Gefühl? Und wo spüren Sie, dass sich Ihre Gestaltungslust von Neuem in Ihrem Leben zurückmeldet?

Es gibt noch einen zweiten Einfluss, zu dem viele von uns im Laufe unserer Erziehung sehr wenig angeleitet wurden: auf unser Inneres, auf unsere *Innere Stimme*, auf unser Bauchgefühl zu hören. Im schlimmsten Fall ist es uns abtrainiert worden. Eigenes Gespür und eigene Gefühle, die wir anfangs vielleicht durchaus geäußert haben, wurden oft in unserer Umgebung bagatellisiert und weggewischt. Begonnen hat es vielleicht mit den kleinen Dingen: dem Schmerz über die Ungerechtigkeit eines Lehrers, dem Gefühl, zu dieser Oma gar nicht gern zu gehen, später vielleicht auch in den größeren Belangen, z. B. dem Gespür für die Stimmigkeit einer Berufswahl.

Diese Gefühle haben wir oftmals unterdrückt. Wir haben früh gelernt, unserer eigenen Stimme und unseren eigenen Gefühlen nicht mehr zu vertrauen, und damit unsere gesunde Wahrnehmung für die Menschen in unserer Umgebung wie auch für uns selbst verloren. Stattdessen sind wir häufig den Weg der Anpassung gegangen. Und wir haben einen Preis dafür gezahlt: ein Gefühl der Entfremdung, bis hin zu dem Gefühl, uns selbst immer wieder verraten zu haben. Unser *innerer Kompass* als Richtungsgeber und wichtige Kraftquelle wurde dabei sehr geschwächt. Aber die Sehnsucht nach dem *Eigenen* und *Stimmigen* bleibt ...! Vermutlich halten Sie auch deswegen dieses Buch in Ihren Händen. Wo in Ihrem Leben ging Ihnen das sichere Gespür für *Ihre* Wahrheit und *Ihren* inneren Kompass verloren?

Erfahrungen schaffen Glaubenssätze

Schon diese soeben beschriebenen Prozesse erschweren eigenes, selbstbestimmtes Leben erheblich. Aber es geht noch weiter: Welche sonstigen familiären, gesellschaftlichen und kulturellen Prägungen haben auf Sie gewirkt? Und wie können diese vergangenen Einflüsse noch heute Ihr Leben steuern?

Das Erlebte in Ihrer Kindheit und Jugend hat Ihnen Bilder davon gegeben, wie Leben funktioniert, was richtig und falsch ist, woran Sie glauben, was möglich ist. Ihre Vergangenheit und Ihre Erfahrungen haben sich als innere Bilder in Ihrem Unbewussten abgespeichert, ganz besonders in Form von Glaubenssätzen, Einstellungen und Erwartungen ans Leben. Ihre Eltern und andere wichtige Bezugspersonen haben Ihnen etwas vorgelebt, was Sie für die Wahrheit hielten und erst einmal ungefiltert aufgesogen haben. Sie haben die Glaubens- und Wertesysteme Ihres Umfeldes verinnerlicht und übernommen.

Die Gehirnforschung hat inzwischen nachgewiesen, dass wir vor allem lernen durch die Beobachtung und Nachahmung von Menschen, zu denen wir eine emotionale Bindung haben und die uns emotional berühren. Diese sind zunächst meist die Eltern, die Geschwister oder die Großeltern. Mit zunehmendem Alter erweitern sich unsere emotionalen Bindungen, z. B. auf den geschätzten Lehrer oder den verehrten Popstar.

Angenommen, in Ihrer Familie haben Sie schon früh den Glaubenssatz vermittelt bekommen, *„Das Leben ist ein Kampf"* – sei es wörtlich ausgesprochen oder atmosphärisch im Zusammenleben innerhalb der Familie, besonders vorgelebt durch zum Beispiel einen Elternteil – dann ist dieser Glaubenssatz früh in Ihnen gespeichert. Auch wenn Ihnen dies gar nicht bewusst ist – schließlich werden wir zu 95 % von unserem Unbewussten und nicht von unserem Bewussten gesteuert. Sie werden mit dieser Haltung möglicherweise durchs Leben laufen und sich wundern, warum alles so anstrengend ist und Sie immer wieder Kampfesschauplätze in Ihrem Leben vorfinden: Vielleicht kämpfen Sie mit Ihrem Chef, Ihrem Partner, und Sie strapazieren Ihre Rechtsschutzversicherung bis zur Grenze. Sie verhalten sich dann bereits so, dass Sie in Ihrer Programmierung, Ihrem Glauben und Ihrer Erwartung bestätigt werden.

Die meisten Einstellungen in unserem Leben entstehen sogar bereits in den Jahren unseres Lebens, an die wir uns gar nicht mehr erinnern können. Der Stammzellenforscher und Entwicklungsbiologe Dr. Bruce Lipton nimmt an, dass wir sie als pränatale Erfahrungen bereits im Embryostadium aufnehmen und bis ins Kindesalter geradezu wie ein Schwamm aufsaugen – ganz besonders in den letzten drei Schwangerschaftsmonaten und in den ersten sieben Lebensjahren. Das liegt daran, dass die Gehirnwellen im Kindesalter vor allem im langsamen Theta-Bereich liegen, so dass wir als Kinder nicht nur leicht mehrere Sprachen gleichzeitig lernen, sondern auch schnell erfassen können, wie wir uns in unserem Clan verhalten und über andere denken sollen. Wir leben dann aus unseren Programmen und nicht aus unseren tiefsten Sehnsüchten und Wünschen heraus.

Und leider sind eben viele dieser Programme selbstsabotierend und begrenzend. Sie zeigen sich in den Lebensbereichen, in denen wir nicht erfolgreich sind und es nicht leicht haben. Haben Sie zum Beispiel in Ihrer Kindheit wenig Unterstützung erlebt oder wurden Sie sogar ausgelacht, wenn Sie sie nötig hatten? Oder haben Sie belastete Eltern erlebt, denen Sie sich nicht auch noch zumuten wollten? In Ihrem Verhalten waren Sie dann darauf ausgerichtet, vor allem keine Last für andere zu sein. Vielleicht fällt es Ihnen infolgedessen noch heute leichter zu geben als um etwas zu bitten. Und Sie haben sich vielleicht unbewusst für den Glaubenssatz entschieden:

„Ich muss immer alles allein machen, das ist der beste Weg für mich, durchs Leben zu kommen."

Heute können Sie diesen Glaubenssatz für sich daran überprüfen, wie Sie reagieren, wenn jemand Ihnen Hilfe anbietet. Können Sie diese annehmen? Können Sie um Hilfe bitten, und glauben Sie, grundlos Unterstützung zu verdienen? Haben Sie Angst, abgewiesen zu werden?

Übrigens: Jeder Mensch glaubt etwas, auch Sie, selbst wenn es Ihnen nicht präsent ist. Es gibt kein Glaubensvakuum. Die entscheidende Frage ist, was Sie glauben. Denn Ihr Glaube hat eine sehr große Macht, ganz nach dem Motto: *„Du wirst, was Du glaubst!"*.

Aber Sie haben heute die Wahl, Ihre alten Konzepte und Glaubenssätze loszulassen! Wenn Sie spüren, wie alteingefahrene Glaubensüberzeugungen Sie bis heute begrenzen, und wenn Sie den Wunsch haben, diese unbewussten negativen Programme zu wandeln, dann empfehle ich Ihnen folgende Schritte: Wählen Sie einen Glaubenssatz, von dem Sie glauben, dass er Sie begrenzt, z. B.

„Männern kann man nicht vertrauen", „Frauen wollen sowieso immer nur eins – Männer verändern" oder *„Geld verdirbt den Charakter."*

Übernehmen Sie die Verantwortung dafür, dass sie ihn erschaffen haben, auch wenn bestimmte Erfahrungen Sie zu dieser Überzeugung haben kommen lassen. Werden Sie sich bewusst, wie er nicht nur auf Sie selbst, sondern auch auf Ihre Umgebung gewirkt hat und wirkt, vielleicht sogar Leid erschaffen hat.

Wenn Sie zum Beispiel Ihrem Partner nie vertrauen können, ist das natürlich auch für den Partner überaus anstrengend! Werden Sie sich nun bewusst, dass dieser Glaubenssatz so nicht stimmt, sondern eine Lüge ist. Sagen Sie sich zum Beispiel:

„Ja, ich habe schmerzhafte Erfahrungen gemacht. Aber kann ich mir deshalb anmaßen zu sagen, man kann allen Männern nicht vertrauen?" Oder: *„Wenn ich so fest an dem Glaubenssatz festhalte, dass Frauen immer nur Männer verändern wollen, gebe ich keiner Frau die Chance, anders zu sein, und ziehe genau diesen Frauentyp immer wieder in mein Leben."*

Würdigen Sie Ihren Glaubenssatz dafür, dass er Ihnen lange gedient hat. Und vergeben Sie sich dafür, dass Sie an diesem Glaubenssatz so lange festgehalten haben. Übernehmen Sie nochmals Verantwortung dafür, dass Sie diesen Glaubenssatz selbst übernommen haben und Wirklichkeit haben werden lassen. Mit diesen Schritten, mit denen Sie sich von einem alten Glaubenssatz verabschieden können, verliert dieser an Kraft.

Entscheiden Sie sich in vollem Bewusstsein, sich von ihm zu verabschieden, den alten Glaubenssatz nicht mehr zu brauchen. Geben Sie ihn zurück ins *große Ganze!* Werfen Sie ihn in Gedanken ins Meer, in den Fluss, oder geben Sie ihn ins Licht. Und jetzt zeigen Sie Ihre Bereitschaft, Neues auszuprobieren. Entscheiden Sie sich für einen neuen Glaubenssatz, formulieren Sie zum Beispiel:

„Ich bin bereit zu glauben, dass meine Erfahrungen mit Männern, die zu Misstrauen geführt haben, nichts darüber sagen, was ich heute erfahren kann." – „Ich glaube, dass Frauen mich auch einfach so nehmen und lieben können, wie ich bin!"

Und begrüßen Sie das Nährende und Konstruktive in den neuen Sätzen. Mit Ihrer klaren Neuentscheidung kann der neue Glaubenssatz sich in Ihnen ausbreiten, und er kann Wirklichkeit in Ihnen werden – *Wirklichkeit verstanden als das, was wirkt!* Sie werden dann im Leben das anziehen, was diesen neuen Inhalten entspricht. So sagt es das *Gesetz der Anziehung,* dazu kommen wir gleich.

Die neuen Glaubenssätze können sich schließlich etablieren, wenn Sie mit ihnen tatsächlich neue Erfahrungen machen, die Ihnen Ihre neue Glaubensausrichtung bestätigen. Zum Beispiel wenn Sie erleben, wie Ihre jetzige Partnerin Sie weitgehend so lassen und annehmen kann, wie Sie sind. Oder dass Geld gar nicht den Charakter verdirbt, sondern Ihnen etwas Gutes und von Herzen Ersehntes ermöglichen kann.

Möglicherweise haben Sie das Gefühl, alleine noch schwer an Ihre entscheidenden und selbstsabotierenden Glaubenssätze heranzukommen. Das ist tatsächlich nicht einfach, und dafür könnte sich fremde Hilfe mit einem professionellen Blick lohnen. Methodisch bieten sich ganz besonders die energetischen Methoden an, wie sie beispielsweise in der *energetischen Psychotherapie* oder im *EFT (emotional freedom technique,* übersetzt *Technik der emotionalen Freiheit)* angewendet werden. Ich persönlich habe in meiner Praxis schon viel positive Erfahrung mit der *energetischen Psychotherapie nach Fred Gallo* gemacht. Diese Methode ist in der Lage, auch die unbewussten Selbstsabotagen – z. B. in Form von zugrundeliegenden Glaubenssätzen – aufzudecken und dann auch aufzulösen.

Vor einiger Zeit kam zum Beispiel Matthias in meine Praxis, der sich in seiner Arbeit völlig überlastet fühlte. Es stellte sich heraus, dass er von einem ausgeprägten Perfektionismus gesteuert war. Der Glaubenssatz dazu war: *„Es muss immer alles perfekt sein".* Darüber hinaus fiel es ihm sehr schwer, sich auch mal abzugrenzen. Dementsprechend behandelten wir die Themen *Perfektionismus* sowie die *Fähigkeit zu einer klaren Abgrenzung* und lösten dabei zunächst die unbewussten Sabotagen auf, diese Themen auf unbewusster Ebene gar nicht verändern zu wollen. Danach konnten wir mit dieser Methode den *Perfektionismus* reduzieren und *die Fähigkeit, sich abgrenzen zu können* stärken. Hätte ich ihm lediglich gesagt, *„bei Ihrem Perfektionismus ist das ja kein Wunder, dass Sie so überlastet sind"* oder *„Sie müssen sich* *aber auch mal abgrenzen"*, hätte das einfach gar nichts bei ihm verändert. Denn er hätte es nicht umsetzen können, weil das Unbewusste am alten Glauben festhalten wollte.

Wie Ihre Wahrnehmungsfilter Ihr Leben bestimmen

Die in Ihrer Vergangenheit – ganz besonders in Ihrer Kindheit und Jugend – vermittelten Einstellungen, Glaubenssätze und Werte wirken bis heute, weil diese Prägungen Ihnen *Filter* aufgesetzt haben, mit denen Sie die Welt und das Leben wahrnehmen – *wahr-nehmen* verstanden hier als *das, was wahr ist.*

Diese bestimmen, durch welche *Brille* Sie auf sich und Ihr Leben jetzt schauen, auch wenn Ihnen das nicht bewusst ist. Umgekehrt ist Ihr Leben auch immer so, wie Sie es wahrnehmen, mit der Brille, die Sie sich zugelegt haben! Denn allzu oft sind Sie in eingefahrenen Lebensmustern gefangen, weil Sie vielfach genau das – und nur das – sehen, was Sie schon kennen und was bereits in Ihnen ist.

Wenn Sie zum Beispiel mit einer Qualität von Misstrauen gegenüber den Menschen in die Welt schauen – vielleicht so, wie Sie es zu Hause vermittelt bekommen haben –, werden Sie genau das sehen, was zum Beispiel bestimmte Menschen Ihnen antun oder wie diese Sie reinlegen könnten. Und das Fatale daran ist, dass genau diese Einstellung und Haltung Sie das erleben lässt, was Sie erwarten, und damit Ihren Glauben bestätigen wird. Wenn Sie sich für eine liebenswerte Person halten, werden Sie das von außen auch so gespiegelt bekommen. Haben Sie dagegen den Kindheitssatz *„wer glaubst du eigentlich, wer du bist"* gut genug verinnerlicht und sind damit davon überzeugt, dass Sie nichts wert sind, wird Ihnen das Leben genau dies bestätigen: Sie werden sich nicht wichtig genommen fühlen. Und Sie werden Menschen in Ihr Leben hineinziehen, die diese Anschauung auf Sie zurückspiegeln, indem sie Sie schlecht behandeln.

Aber Sie können sich Ihrer Wahrnehmung jetzt bewusst werden! Ihr Bewusstsein ist immer der erste Schritt zur Veränderung. Sie haben die Chance, die Wahrnehmung Ihres Lebens zu verändern und zu korrigieren. Sie können die Einstellung, mit der Sie an Bestimmtes herangehen, überprüfen und neu ausrichten. Sie könnten sich zum Beispiel entscheiden, Ihre Umwelt nicht mehr feindlich zu erleben, sondern zu erkennen, dass Sie diese nur durch Ihren misstrauischen Blick so erlebt haben, den Sie jetzt verändern können.

Unsere Grundüberzeugungen ziehen Situationen und Menschen zu uns hin. Das Innere zieht das Äußere an. Und so ist es kein Wunder, dass unsere äußere Welt, das, was im Leben passiert, das, was wir anziehen, genau der Spiegel unserer inneren Welt ist und dessen, was wir über uns selbst und das Leben denken: *Wie innen, so außen.* Genau dies besagt das *Gesetz der Resonanz,* eines der wichtigsten Gesetze oder auch eine der *Spielregeln des Lebens.*

Re-sonare bedeutet Lateinisch zurücktönen. Das Leben tönt Ihnen das zurück, was Sie von innen nach außen tragen, zumeist natürlich völlig unbewusst. Sie alle kennen den Satz:

„Wie man in den Wald hineinruft, so schallt es heraus."

Wenn Sie dieses Gesetz zu Ende denken, hat das weitreichende Konsequenzen für Ihr Leben. Schauen Sie genau hin, was das Leben Ihnen sagen will. Jede einzelne Person und jede Situation in Ihrem Leben spiegeln einen Aspekt von Ihnen wider. Sie haben diese Personen und sogar viele Dinge in Ihr Leben gezogen. Ihr Denken und Ihr Fühlen wirken wie ein unsichtbarer Magnet. Es sind die Menschen mit ähnlichen Energien, Qualitäten, Schwingungen und Frequenzen. Insofern ist es nie Zufall, mit wem Sie in Ihrem Leben zu tun haben. Dem Phänomen der Anziehung liegt das bekannte Sprichwort zugrunde: *„Gleiches zieht Gleiches an".*

Besonders unser Partner oder unsere engsten Freunde sind ein Spiegel von uns selbst. Wer selbst ein graues Mäuschen ist, miesepetrig, mürrisch und kühl, wird kaum herzliche, eloquente, geistreiche und humorvolle Freunde anziehen. Die Menschen, die Sie wirklich mögen, lieben und schätzen oder gar bewundern in ihren Fähigkeiten und Qualitäten, spiegeln Aspekte Ihrer selbst wider, deretwegen Sie sich gut fühlen. Diese Eigenschaften und Qualitäten – z. B. Schönheit, sprachliche Kompetenz und Humor – sind bis zu einem gewissen Grad auch in Ihnen vorhanden oder mindestens als Potenzial in Ihnen angelegt. Sie würden diese Personen sonst nicht angezogen haben, noch würden Sie diese Attribute bei ihnen bemerken, wenn sie nicht auch in Ihnen steckten. Diese Menschen zeigen Ihnen einen Teil von Ihnen, der Ihnen vielleicht noch nicht so bewusst ist. Fördern Sie diese Eigenschaften, indem Sie sie pflegen, und noch mehr Menschen mit diesen Charakteristika werden in Ihr Leben treten.

Aber auch jene Menschen, die Sie nicht mögen oder über die Sie sich aufregen, zeigen Ihnen Aspekte Ihrer selbst. Dann sind es diejenigen Aspekte, die Ihnen nicht angenehm sind. Denn manchmal ist die Spiegelung etwas komplizierter und versteckter: Angenommen, Sie bekommen als Mitarbeiter einen desorganisierten und chaotischen Chef präsentiert, während Sie selbst stolz auf Ihren Ordnungssinn und Ihre hohe Verantwortlichkeit sind. Dann sind Sie wahrscheinlich verärgert, und Sie verstehen wohl kaum, warum das Ihr Spiegel sein soll. Vielleicht gibt es aber einen Teil in Ihnen, der sorglos und für nicht alles verantwortlich sein will. Der innere Teil in Ihnen, der unverantwortlich sein möchte, wird in Ihrem Chef gespiegelt.

Aus meinem Leben kenne ich das Phänomen, dass ich in meinen bisherigen Partnerschaften immer wieder Männer angezogen habe, die auch mal *fünfe gerade sein* lassen, es sich auch mal gemütlich machen und einfach nur das Leben genießen können. Sie haben offensichtlich den Part in mir gespiegelt, der genau das auch mal tun möchte, während ich selbst viel mit der Rolle des *fleißigen Lieschens* identifiziert war und immer wieder auch noch bin. Seitdem ich dies besser verstanden habe, kann ich natürlich meinem Partner gegenüber viel toleranter sein und sein Verhalten als Chance für mich sehen, etwas durch ihn lernen zu können.

Sollten Sie also nicht zufrieden sein mit den nächsten Menschen, die Sie umgeben, dann schauen Sie nach innen und verändern das, was Sie über sich denken und fühlen. Sie werden dann automatisch andere Menschen und Erfahrungen anlocken. Denn das *Gesetz der Resonanz* besagt, dass Sie nicht das anziehen, was Sie wollen, sondern das anziehen, was Sie sind! Dieses Verständnis wird überaus wichtig gerade auch dann, wenn Sie Neues in Ihr Leben ziehen wollen, sich etwas anderes für Ihr Leben wünschen. Darauf werden wir ganz besonders im 3. Teil des Buches zurückkommen, wenn es darum geht, Ihre Träume und Visionen für Ihr Leben umzusetzen und zu manifestieren.

Ich möchte Ihnen mit der Lektüre dieses Buches Hilfestellung geben, wie Sie im guten Sinne ein Leben von innen nach außen – ein proaktives Leben – leben können, statt ein Leben von außen nach innen – ein reaktives Leben –, wenn Sie in erster Linie auf die Außenwelt reagieren. Mit einem proaktiven Leben verbinden sich für Sie große Handlungsfähigkeit und natürlich das Gefühl der Selbstwirksamkeit. Sie können dann die Rolle des Opfers hinter sich lassen. Sie bewirken Dinge und übernehmen Verantwortung für sich als Schöpfer Ihres Lebens.

Der Prozess Ihres Filterns

Wenn Sie tatsächlich verstehen, wie Sie sich Ihr Leben auch in Vielem selbst erschaffen haben, und wie *Ihr* Leben – zunächst unbewusst –von Ihrem Glauben und Ihrer Wahrnehmung gesteuert wird, dann bedeutet das tatsächlich einen grundlegenden Perspektivwechsel. Das Leben ist dann vor allem auch so, wie Sie es sehen und wie Sie es bewerten! Denken Sie zum Beispiel an die allseits bekannte *rosarote Brille* in Zeiten des Verliebtseins. Durch die betrachtet finden Sie alles in Ihrem Leben einfach nur wunderbar, ganz besonders natürlich Ihre(n) Liebste(n). Ein halbes Jahr später entdecken Sie plötzlich Seiten an ihr oder ihm, die Ihnen vorher gar nicht aufgefallen waren.

Es ist immer der Beobachter, der das Beobachtete bestimmt, denn er nimmt wahr und bewertet. Schauen Sie sich den Prozess Ihres Filterns genauer an! Manchmal geht es darum, einen anderen Blick auf die Welt zu erlangen. Wie Sie bestimmte Ereignisse in Ihrem Leben bewerten, hängt mit Ihren Empfindungen zusammen. Aber Sie haben immer die Wahl für Ihre eigene Interpretation. Insofern geht es auch nie um das Ereignis selbst, das Sie erleben, sondern immer um die Bewertung, die Sie ihm geben.

Vielleicht kennen Sie das Phänomen, dass Sie gemeinsam mit jemandem eine Urlaubswoche verbringen, auf ein Fest gehen, ein Projekt zum Abschluss gebracht haben, und Sie und Ihre Begleitung das gleiche Ereignis völlig verschieden erlebt haben und vor allem interpretieren. Die Bewertung hängt entscheidend vom jeweiligen Blick ab, auf den wir uns richten. So kann der eine sich auf die traumhaft schöne Landschaft und die wunderbaren Menschen am Urlaubsort fokussieren, während der andere nur auf das schlechte Wetter und den verpassten Zug am Anfang schaut. Oder für den einen war das Projekt eine willkommene Herausforderung, an der er wirklich gewachsen ist, für den anderen nur belastend und überfordernd.

Ich will Sie hiermit darauf hinweisen, wie Sie mit *Ihrer* Einstellung zu den Dingen in den meisten Fällen *Ihre* Perspektive ändern können. Daraus folgt natürlich auch, dass Sie manches Mal gar nicht Ihre Umstände, sondern lediglich Ihre Wahrnehmung der Umstände ändern könnten – mit entsprechender Wirkung. Überprüfen Sie es für sich selbst mit Beispielen aus Ihrem Leben! Sie sind es, die oder der auch genau das Leben vorfindet, wie Sie es kreieren und bewerten. Vielleicht mögen Sie denken, das seien nur Kleinigkeiten, aber in der Summe sind sie überaus wirkungsvoll, denn sie bewirken tatsächlich, wie Sie sich fühlen und wie glücklich Sie sind.

Aber ich bin vorsichtig, die jeweiligen Bewertungen wiederum zu bewerten, im Sinne von dem, was richtig und falsch ist. Außer den Prägungen unserer Vergangenheit sind wir auch alle mit unterschiedlichen Wesen und speziellen Gaben ausgestattet: Und da gibt es Wesen, die alles stets von der leichten und schönen Seite sehen und leben können, andere haben die Aufgabe, sich diese leichte und optimistische Haltung im Leben mühsam aufzubauen und anzueignen. Und natürlich gibt es Menschen mit unterschiedlichen Verwundbarkeiten und Resilienzen, womit die psychische Wider-standsfähigkeit und Fähigkeit, Krisen zu bewältigen, gemeint ist. Für den einen Menschen können bestimmte Ereignisse sehr verletzend und fast schon traumatisch erlebt werden, für den anderen waren sie einfach eine sportliche Herausforderung.

Die subjektive Bewertung Ihrer Erfahrungen

Diese Wahrnehmung und ihre Bewertung beziehen sich sowohl auf das, was Sie jetzt in Ihrem Leben erleben, als auch auf das, was Sie in der Vergangenheit erlebt haben. Wie unterschiedlich die persönlichen Wahrnehmungsfilter und ihre daraus folgende Bewertung sein können, zeigt folgendes Beispiel zweier Geschwister mit geringem Altersabstand, die in der gleichen Familie aufgewachsen sind.

Tobias und Jonas, heute 25 und 23 Jahre alt, sind unter besonderen Bedingungen groß geworden: Ihre ganze Kindheit und ihre Jugend waren von permanenten Umzügen rund um die Welt geprägt. Beide Geschwister haben ähnliche Bedingungen vorgefunden, aber diese völlig unterschiedlich erlebt und bewertet. Tobias beschreibt seine Kindheit und Jugend als furchtbar, fühlt noch heute den Schmerz, seine gerade immer wieder neu gewonnenen Freunde nach kurzer Zeit verloren zu haben, er betont die Wurzellosigkeit, die ihm durch die vielen Wechsel beschert worden ist. Jonas dagegen berichtet begeistert, wie er bereits in seiner Kindheit und Jugend schon so viele Menschen unterschiedlicher Kulturen kennenlernen durfte, und wie er dadurch so viel Weitblick und Weisheit über das Leben erworben hat und sich selbst zu einem unglaublich flexiblen und anpassungsfähigen Menschen entwickeln konnte. Er ist dankbar für diese Erfahrung.

Zwei Perspektiven für ein nahezu ähnliches Schicksal! Ich bewerte dies nicht im Sinne von dem, was besser oder schlechter ist, allenfalls hat die jeweilige Bewertung natürlich Auswirkungen auf das Lebensgefühl dieser beiden jungen Männer, auf ihre jeweiligen Emotionen.

Bei allem, was Ihnen passiert im Leben, haben Sie immer die Wahl, wie Sie darauf reagieren. Je wesentlicher und lebensentscheidender –

im Sinne einer Weichenstellung – die Ereignisse sind, desto weniger können Sie sie wirklich steuern: Geburt, Krankheit, Tod, die Liebe. Sie können nicht alle Ereignisse kontrollieren, die Ihnen passieren, ganz besonders die wirklich schweren Schicksale. Aber Sie können entscheiden, wie Sie mit ihnen umgehen, und welche Bedeutung Sie dem Geschehenen geben.

Ich denke da zum Beispiel an Menschen, die durch dramatische Unfälle im jungen Alter bereits an den Rollstuhl gefesselt werden. Genügend Menschen hadern lebenslänglich mit diesem Schicksal, andere machen etwas daraus und lassen Großes entstehen. An dieser Stelle möchte ich zum Beispiel Boris Grundl nennen, der genau dieses Schicksal erfuhr. Inzwischen ist er ein hervorragender Coach geworden und schreibt tolle Bücher, in denen er natürlich auch genau von diesem Weg erzählt, wie er zu einer solch inneren Größe gefunden hat. Und er führt darüber hinaus auch privat ein glückliches Leben. Hochachtung von meiner Seite!

Und vieles, was Sie bekommen, sind einfach nur Geschenke, die Sie nehmen können und sollten. Nehmen Sie es nicht selbstverständlich, sondern wertschätzen Sie es! Das ist für mich Demut gegenüber dem Leben. Das ändert aber gar nichts daran, wie wichtig es ist, dass Sie wirklich die Verantwortung für Ihr Handeln und Ihr Leben übernehmen. Sie sind der Schöpfer, und Sie haben die Wahl, ganz besonders bei Ihren Entscheidungen in Ihrem Leben, die Sie permanent treffen. Und selbst wenn Sie keine Entscheidungen treffen, ist auch das eine Entscheidung, z. B. eine Entscheidung für den Status quo. Oder: Wenn Sie nicht entscheiden, entscheiden Sie, dass andere über Sie entscheiden. Dann verwenden die anderen Sie möglicherweise für deren Ziele. Es gibt kein Entscheidungsvakuum. Handeln Sie, sonst werden Sie behandelt!

Und wenn Sie noch mal auf Ihr bisheriges Leben zurückschauen, dann seien Sie gewiss: Alle diese Erfahrungen und bisherigen Lebensumstände haben Sie zu dem Menschen gemacht, der Sie heute sind, mit all den Qualitäten und Fähigkeiten, die Sie entwickelt haben. Und insofern war es immer auch genau *Ihr* Leben, es hat Sie genau dorthin geführt, wo Sie jetzt stehen, und wer und wie Sie jetzt sind. Sie wären einfach jemand völlig anderes ohne diese Erfahrungen.

Nehmen Sie also Ihr Leben an, so wie es war, auch wenn es manchmal nicht leicht war. Schließlich hat es auch viel Entwicklung und Wachstum bewirkt. Beherzigen Sie den treffenden Satz von Oscar Wilde:

„Seine eigenen Erfahrungen bedauern, heißt, seine eigene Entwicklung aufhalten."

Freuen Sie sich also an Ihren bereits vollzogenen und auf Ihre noch anstehenden Entwicklungen! Wir sind auf diese Erde gekommen, um zu wachsen und uns zu entwickeln.

Ein rundes Leben

Ich werde immer wieder gefragt, warum es denn so wichtig sei, das eigene Leben zu leben, und warum es nicht reiche, uns mit dem Durchschnittlichen zufriedenzugeben und das Leben auszuhalten? Ganz einfach, es macht gesund und glücklich. Menschen, die ihr eigenes Wesen und Potenzial in ihrem Leben zum Ausdruck bringen können, leben wesentlich gesünder.

So wurde z. B. von einigen Ärzten und Therapeuten in der Behandlung von Krebskranken immer wieder festgestellt, dass (wiedererlangte) Begeisterung und Freude am Leben und eine erfüllende persönliche Aufgabe wesentliche Faktoren für Heilung waren.

Und wenn Menschen – wie wir alle zu einem bestimmten Zeitpunkt – sich dem Ende des Lebens stellen müssen, können sie besser gehen, wenn sie mit sattem Gefühl gehen, ein rundes Leben gelebt haben sowie sich *selbst* darin gelebt haben. Warum aufs Sterbebett warten? Der Tod kann uns ein Lehrmeister sein, aber für das Leben jetzt und nicht erst kurz vor dem Übergang! Ich will Sie mit diesem Buch auch ermutigen, sich immer wieder diesen Fragen zu stellen, was Sie in Ihrem Leben auf jeden Fall noch leben wollen. Dass Sie vor allem sich selbst gegenüber treu und loyal bleiben. Und es auch mal riskieren, andere zu enttäuschen, um sich selbst treu zu bleiben. Verabschieden Sie sich von der Mühe, jemand zu sein, der Sie nicht sind. Ihre Eigenart immer wieder wegzudrücken, kostet Sie viel Lebenskraft und Energie.

Anna – Sie erinnern sich, meine Klientin zu Beginn des Kapitels – fragte mich am Ende der 1. Stunde: *„Muss ich also erstmal mein gesamtes Leben verstehen, was genau gelaufen ist und wie es gelaufen ist, um dann für den Rest des Lebens endlich mein Leben leben zu können?"* Meine Antwort war zwiegespalten, ich sagte ihr: *„Ja und Nein"*.

Für ein *Nein* spricht: Um heute ein glückliches Leben zu führen, muss ich nicht meine komplette Vergangenheit analysiert und verstanden haben. Im Gegenteil – es kann sehr heilsam sein, es auch einfach mal gewesen sein zu lassen, loszulassen und mir und anderen zu vergeben, um frei für das Jetzt zu sein. Ein *Ja* setzt dagegen: Es ist z. B. sinnvoll, unbewusste Glaubenssätze bewusst zu machen, um sich damit bewusst neu auszurichten. Es kann auch sehr wichtig sein, *Verstrickungen* – wie ich sie im folgenden Kapitel beschreiben werde – zu erkennen und aufzulösen, um ein freies, selbstbestimmtes Leben führen zu können. Mit diesem *Ja* möchte ich Sie mit ins nächste Kapitel nehmen. Dort werde ich noch weiter in die Tiefe gehen, um die oft sehr verborgenen, tiefer liegenden Wirkmechanismen und Verhinderungen von wirklich eigenem Leben zu verstehen.

Verborgene Fäden im Hintergrund

Was kann Sie sonst noch daran hindern, wirklich Regisseur Ihres eigenen Lebensschauspiels zu sein? Die Gründe liegen oft sehr viel verborgener und subtiler, als Sie denken mögen. Wie mag es wohl sein, wenn Sie zur Marionette Ihres eigenen Lebensspiels werden? Und was passiert, wenn jemand Unbekanntes heimlich Ihr Drehbuch umschreibt oder Sie weitere Rollen übernehmen müssen, die so gar nicht in Ihr eigenes Lebensschauspiel gehören? Diese fremden, tief versteckten (unbewussten) Kräfte wirken dann auf Sie ein, ohne dass Sie davon auch nur die geringste Ahnung haben. Um diese *verborgenen Fäden* wird es im Folgenden gehen.

Derartige Einflüsse wirken oft auch stark auf die Kraft und Energie, die Ihnen für Ihr Leben und Ihre eigene Rolle als Hauptdarsteller zur Verfügung stehen. So konnte ich häufig beobachten und erfahren, wie viele Menschen mit angezogener Handbremse durchs Leben reisen und sich wundern, dass es nicht so richtig vorangeht oder sie nicht wirklich glücklich sind. Ideen über die wahren Zusammenhänge haben sie in der Regel nicht.

Geteiltes Leid, doppeltes Leid

Auch aus meinem eigenen Leben kenne ich dieses Gefühl. Und ich fragte mich immer wieder, woher es kam und vor allem, wie ich diese Handbremse wieder lösen konnte. Dieses Gefühl kam auch in dem kleinen Wort *eigentlich* zum Ausdruck: *Eigentlich* war alles da, was ich zu einem glücklichen Leben gebraucht hätte, oder *eigentlich* war (und bin) ich eine kraftvolle Frau, die ihre Frau im Leben stand und sich ihren Aufgaben widmete. Und dennoch gab es etwas in mir, was mich ausbremste.

Aus welchen Situationen kennen Sie dieses Gefühl von *eigentlich?* Wann benutzen Sie dieses Wort? Vielleicht zum Beispiel auf die Frage, wie es Ihnen denn gehe: *„Eigentlich geht es mir gut, aber ..."?* Oft schließt sich an diese Antworten eben auch noch das kleine Wörtchen *aber* an.

Ich war noch nie ein Mensch, der sich mit dieser Art von Zuständen zufriedengeben wollte. Und so machte ich mich auf die Suche nach meiner angezogenen Handbremse, nach meinem *Eigentlich.* Eine für mich sehr einschlagende Entdeckung meiner ver-steckten Verhinderungen konnte ich im Rahmen eines Seminars zur *systemischen Familienaufstellung* machen – vor ca. 20 Jahren. Diese Erfahrung wurde zu einem Schlüsselerlebnis und leitete wesentliche Veränderungen in meinem Leben ein. Endlich konnte ich einen großen Teil meines *Eigentlich* verstehen und viel von meiner Handbremse lösen.

Neu an dieser Methode war, mich in dieser Aufstellung innerhalb einer Gruppe in einem Gesamtzusammenhang von Dynamiken in meiner Herkunftsfamilie und ihren besonderen Ereignissen zu sehen. Ich konnte leibhaftig und von außen betrachtet erleben, wie ich emotionale Lasten von anderen Mitgliedern unserer Familie unbewusst übernommen und getragen hatte. Diese Wirkmechanismen meiner energetischen Belastungen konnte ich auflösen, und so entstand wieder Raum für meine eigene Lebendigkeit und Kraft. In dieser Aufstellung wurde durch Stellvertreter eine Wirklichkeit ans Licht gebracht – *Wirk-lichkeit* hier verstanden als das, was wirkt – , wie ich sie mir so nie vorgestellt hätte. Mein Befinden war beeinflusst und geschwächt durch die besonderen Ereignisse und Schicksale in meiner Familie.

Für die Wirkung bestimmter Familienmitglieder und ihrer Schicksale spielt es keine Rolle, ob Personen leben oder schon gestorben sind, oder ob Sie diese Personen kennen oder nicht. Auch ein nicht bekannter Vater, ebenso wie die früh verstorbene, nie kennengelernte Großmutter können einen großen Einfluss auf Ihr jetziges Leben haben.

Welche Umstände wirkten in meinem Leben? Ich bin in einer Familie mit fünf Kindern groß geworden. Ich selbst bin die vierte Tochter, nach mir kam mein jüngerer Bruder. Als ich 16 Jahre alt war, nahm sich meine damalige Lieblingsschwester das Leben, das war eine traumatische Erfahrung für mich und sehr schmerzvoll. Zwei Jahre später starb meine Mutter nach ca. zwölf Jahren Krebserkrankung. Ich war 18 Jahre alt und stand kurz vor dem Abitur.

Somit war meine Jugendzeit eine schwere Zeit – ich war einfach sehr viel mit der Bewältigung dieser Ereignisse und meiner Trauer beschäftigt. Die Wirkung dieser Erlebnisse ging danach für mich aber weiter: Meine Seele war tief verbunden mit diesen geliebten verstorbenen Personen, auch über ihren Tod hinaus. Meine eigenen Energien waren gebunden an diese beiden, die es offensichtlich nicht leicht hatten, die gelitten hatten und viel zu früh aus dem Leben gegangen waren – meine Schwester im Alter von 22 Jahren, meine Mutter im Alter von 54 Jahren. Damit konnten meine eigenen Energien mir nicht komplett für mein Leben zur Verfügung stehen.

Meine unbewusste Loyalität hatte es mir schwerer gemacht, eigenes Glück im Leben wirklich anzunehmen und es damit auch in seiner Fülle zu leben. Diese Loyalität konnte ich in der Aufstellung umwandeln, denn sie diente keinem, mit Sicherheit auch nicht den Verstorbenen. Das Sprichwort *„Geteiltes Leid ist halbes Leid"* trifft in diesem Zusammenhang ganz und gar nicht zu, im Gegenteil: *Geteiltes Leid* war hier allenfalls *doppeltes Leid.* Es war notwendig, die Schicksale meiner Mutter und Schwester zu würdigen und sie dann bei ihnen zu lassen. Am Ende stand für mich ein heilsames Bild von meinem eigenen Platz in meiner Familie. Endlich konnte ich mir auf neue Weise wirklich erlauben, ein glückliches und kraftvolles Leben zu führen.

Die Aufstellungsarbeit war definitiv ein Meilenstein auf meinem Lebensweg. Nachdem mich diese kraftvolle und lösungsorientierte Methode so sehr fasziniert hatte, bildete ich mich gleich darin weiter. Inzwischen biete ich seit ca. 16 Jahren regelmäßig Tagesseminare zu *Systemaufstellungen* an. Ich liebe diese Arbeit sehr und finde große Erfüllung darin.

Ich gebe zu, manchmal war und ist wirklich intensive Detektivarbeit notwendig, um die Quellen von Verhinderungen ausfindig zu machen. Für mich macht diese Forschungsarbeit aber in jedem Fall Sinn, weil sie sehr häufig ein zentraler Schlüssel zur Lösung ist. Vor vielen Jahren fand Kerstin, Ende 20, zu mir in meine Praxis. Sie hatte die große Not, nirgends und bei niemandem auf Dauer bleiben zu können. Sie beklagte sich, ständig – sprich spätestens nach einem halben Jahr – umziehen zu müssen, obwohl es eigentlich gar keinen Grund dafür gab, und sie es auch unendlich anstrengend fand. Auch hatte sie schon sehr häufig ihre Partner gewechselt, von denen sie selbst behauptete, dass es eigentlich gute Männer gewesen seien, die ihr keinen wirklichen Grund zur Trennung gegeben hätten. Jetzt war sie sogar mit einem Mann zusammen, den sie sehr liebte, und dennoch war ihr Drang wieder groß, ihn zu verlassen.

So manche Psychologin hätte ihr wahrscheinlich eine vermeintliche *Ruhelosigkeit* und *Bindungsunfähigkeit* attestiert. Ich selbst bin sehr zurückhaltend mit Diagnosen, bedeuten sie doch oft eine Festschreibung des Problems, und ich interessiere mich immer vor allem für die Lösung. So forschte ich auch in ihrem Familiensystem nach möglichen Zusammenhängen. Ich wurde hellhörig, als sie von ihrer Großmutter mütterlicherseits erzählte, die unter schwierigen, leidvollen Bedingungen aus Schlesien fliehen musste und dabei eines ihrer Kinder verlor, während der Mann im Krieg war.

Kerstin hat unbewusst das Schicksal ihrer Oma in ähnlicher Weise nachgelebt. Sie hat die Gefühle der Oma übernommen, und sie hat sich so verhalten, als wäre auch sie auf der Flucht, und als wären neue Bindungen zu gefährlich und bedrohlich, auch in ihren Zeiten des Friedens. Dahinter steckte der unbewusste Versuch, das Schicksal ihrer Großmutter *mitzutragen,* zumal die so traumatische und bedrohliche Situation von der Großmutter sehr verdrängt wurde, um überhaupt überleben zu können und die Situation zu bewältigen. Kerstin belebte die Not der Großmutter durch ihr Verhalten, als könnte damit etwas wieder gut werden und in Frieden kommen. Natürlich konnte der Versuch nur scheitern, weil es das alleinige Schicksal der Großmutter war, und Schicksale nur selbst getragen werden können und müssen.

Kerstin wurde vieles klar und bewusst in unserem Gespräch. Im Rahmen eines Seminars zu *Systemaufstellungen* konnten wir diese Dynamik vollständig auflösen. Sie hatte die Aufgabe, dem schweren Schicksal der Großmutter zuzustimmen, es zu würdigen und in Demut das eigene leichtere Leben zu nehmen und zu genießen. Kerstin wurde frei für ihr eigenes Leben. Heute lebt sie glücklich mit ihrem Mann und ihrem ersten Kind in einer bleibenden Wohnung – seit Jahren.

Das Phänomen der Verstrickung

Wie kann das Leben der Großmutter solch eine Wirkung auf die Enkelin haben? Wie genau wirkt das? Es handelt sich hier um das Phänomen der *Verstrickung*. Bert Hellinger, der Begründer der Aufstellungsarbeit, fand es als Wirkmechanismus innerhalb von Familiensystemen heraus. Er entdeckte durch seine Arbeit folgende Grundlagen zum Leben in Beziehungen: Es gibt eine tiefe *Bindungsliebe* im Familiensystem, die immer unter allen wirkt, jenseits dessen, ob sich die Familienmitglieder persönlich untereinander kennen oder nicht, ob sie von bestimmten Personen gehört haben, von ihnen wissen, sie miterlebt haben.

Darüber hinaus können Sie sich so eine Art *Gruppengewissen* oder *unbewusste Loyalität* innerhalb des Familiensystems vorstellen, welche bewirken können, dass ein Spätgeborener eine ausgegrenzte Person aus dem Familiensystem vertreten kann. Diese *Vertretung* soll dann die Vollständigkeit der Gruppe wiederherstellen. Es handelt sich hier um einen seelischen Prozess, der raum- und zeitübergreifend ist. Das *kollektive Gewissen* wünscht also, dass alle Ausgeschlossenen mit ihrem Schicksal und ihren Gefühlen gesehen und anerkannt werden.

Gleichzeitig eng verbunden mit diesem *Gruppengewissen* beobachtete Hellinger in Familiensystemen Gesetzmäßigkeiten, die mit Gelingen, Glück und Gesundheit verbunden sind. Er nennt diese Gesetzmäßigkeiten *Ordnungen der Liebe.* Dazu gehört zum Beispiel die Ordnung, dass alle im jeweiligen Familiensystem – einschließlich der Verstorbenen – das gleiche Recht auf Zugehörigkeit haben und damit jedem von ihnen ein Platz zusteht. Wurden oder werden Familienmitglieder ausgeschlossen, weil sie nicht ins Familienbild passen, oder früh sterben und dann vergessen werden, wie z. B. der homosexuelle Onkel oder ein totgeborenes Kind, dann muss jemand anderer aus der Familie sie *vertreten,* d. h. wie an deren Stelle treten.

Verstrickung bedeutet, dass eine Person das Schicksal einer anderen Person aus dem Familiensystem übernimmt. Sie ist dann identifiziert mit der anderen Person oder hält durch ihr Leben und z. B. durch eine unbewusst übernommene ähnliche Symptomatik die Erinnerung an sie aufrecht. Das Symptom oder ein bestimmtes Trauma sind dann – im wahrsten Sinne des Wortes – *ver-rückt.* So erging es auch Kerstin mit ihrer Großmutter.

Dieser Verstrickte versucht dann, Aufgaben, Pflichten und Erwar-tungen zu erfüllen, die gar nicht seine eigenen sind. Dadurch, dass solche Identifikationen bzw. Verstrickungen ihm so nah sind, meint er, sie gehörten tatsächlich zu ihm – das tun sie aber nicht. Und dann entfernt sich der Verstrickte immer mehr von sich selbst – seinem eigenen natürlichen Wesen. Eine Variante, definitiv am eigenen Leben vorbei zu leben!

Zugegeben, solche tief wirkenden Phänomene innerhalb von Familiensystemen wie das der *Verstrickung* wirklich zu verstehen, ist eine wahre Herausforderung, bei der sogar Fachleute an ihre Grenzen für die Erklärung stoßen. Beschrieben habe ich es, um Ihnen eine Idee zu geben von wirklich versteckten Verhinderungen, die aber jeden treffen können. Entscheidend für mich ist die Relevanz als Schlüssel zur Lösung von bestimmten Verhinderungen. Wie dieses Phänomen wirkt und vor allem, was es braucht, damit die Symptomatik gehen kann und es allen im System gut geht, hat sich in Tausenden von Aufstellungen gezeigt. Die Menschen fühlen sich befreit, wenn diese Verstrickung aufgelöst wird. Und die Wirkung geht dann über den Moment der Aufstellung weit hinaus, sie zeigt sich im realen Leben der Menschen. Und auch im Leben derer, die gar nicht bei der Aufstellung anwesend waren, die aber von fremden Stellvertretern repräsentiert wurden.

Wo gibt es auch in Ihrem Leben solche Verhinderungen für *Ihr* Eigenes? Wo sind Ihre Energien und Potenziale möglicherweise gebunden? Welches Verhalten oder Gefühl kennen Sie von sich, welches gar nicht zu Ihnen zu gehören scheint, weil Sie es vielleicht stellvertretend übernommen haben? Wen müssen Sie vertreten, weil eine frühere Person ausgeschlossen wurde? Wo stehen Sie vielleicht nicht am richtigen Platz? Gehen Sie diesen Gefühlen nach, forschen Sie nach in Ihrem Familiensystem, fragen Sie bei Ihren Verwandten nach Details zu bestimmten Personen. Fragen Sie zum Beispiel nach früh verstorbenen Kindern, Totgeburten, Fehlgeburten, Abtreibungen, früh verstorbenen Erwachsenen und *verschwiegenen* Personen. Und bejahen Sie die Zugehörigkeit der ausgegrenzten Personen.

Für die Eltern unter meinen Lesern: Auch wenn Sie in großer Sorge um Ihr Kind sind, es besonders extreme Verhaltensauffälligkeiten zeigt oder sogar unter einer (psychischen) Erkrankung, z. B. einer Magersucht leidet, so beziehen Sie diese oder ähnliche systemische Wirkfaktoren in Ihre Überlegungen unbedingt mit ein. Ich habe einfach zu oft die Grenzen der klassischen Psychotherapie sowie der Schulmedizin bei Klienten erfahren und dann immer wieder sehr gute Wege auch für Kinder und Jugendliche erleben können, unabhängig von deren Alter. Und wenn Sie so gar nicht weiterkommen und gleichzeitig aber das Gefühl haben, als könnten auch in Ihrem Leben solche Phänomene wirken, dann wenden Sie sich an professionelle Helfer, in diesem Falle empfehle ich Ihnen bevorzugt Menschen, die Aufstellungsarbeit anbieten.

Und dass es gar nicht immer nur um schweres Schicksal gehen muss, zeigt folgendes Beispiel: Sabine war Mitte 40 und auf der Suche nach einem Mann, einer verbindlichen, glücklichen Partnerschaft. Immer wieder fand sie sich in Dreieckskonstellationen wieder, sprich sie verliebte sich bevorzugt in *vergebene,* meist verheiratete Männer. Mit ihrem Vater sei es immer sehr eng gewesen, sie habe ihn vergöttert, und er sie. *„Ich glaube, mein Vater hat schon immer mich viel mehr geliebt als meine Mutter, jedenfalls seitdem es mich gab."*

Wenn die attraktiven *Vatertöchter* heimlich mit Papa verheiratet sind, ist die Wahrscheinlichkeit sehr groß, dass diese Frauen gebundene Männer anziehen – sie sind ja auch schon gebunden. Und Gleiches zieht Gleiches an, der Partner ist immer auch ein Spiegel im Sinne des Resonanzgesetzes. Bei der Aufstellung in meiner Praxis zeigte sich aber zusätzlich folgende Verstrickung: Der Vater hatte vor Sabines Mutter eine langjährige *große Liebe* gehabt, die er dann aber sehr plötzlich zu ihrem großen Schmerz im Stich gelassen hatte. Diese wurde dann nie mehr erwähnt, im Gegenteil verschwiegen und damit nicht gewürdigt. Sabine wusste gar nichts von dieser *großen Liebe* des Vaters.

Wie oben beim Phänomen der Verstrickung erklärt, müssen Ausgeschlossene, die aber zum System dazugehören – die frühere *große Liebe* gehört als bedeutsame Bindung dazu – von nachfolgenden Personen, meist in der darauffolgenden Generation, vertreten werden. Und für die Wirkung spielte es keinerlei Rolle, ob die Tochter des Vaters von seiner früheren Partnerin wusste oder nicht – im Gegenteil. Die Wirkung erhöhte sich, weil die Geliebte verschwiegen und damit ausgeschlossen wurde.

Sabine musste also diese frühere Geliebte vertreten und somit systemisch gesehen an ihre Stelle treten. Sie war identifiziert mit der früheren Geliebten des Vaters. Auf tieferer Ebene hatte sie somit eine heimliche Liebschaft mit dem Vater und eine unbewusste Konkurrenz zur Mutter. Sie stand dann nicht mehr auf ihrem Platz der Tochter. Die Konsequenz für Sabine war, keine wirkliche Mutter und keinen wirklichen Vater gehabt zu haben, sie hatte die Eltern nicht im Rücken. Wiederum in einer Aufstellung konnte sie die frühere *große Liebe* des Vaters würdigen. Für sie selbst war es wichtig anzuerkennen, dass sie ihr Leben der Tatsache zu verdanken hatte, dass die erste Liebe auseinandergegangen war. Denn schließlich hatte sie ihr Leben von ihrer Mutter. Sie wurde frei für eigenes Leben und konnte Männer anziehen, die tatsächlich frei waren oder schnell frei wurden für sie.

Familiengeheimnisse und Tabus

Ganz besonders viel Lebenskraft binden *Familiengeheimnisse und Tabus,* wie grundsätzlich alles, was in der Familie nicht gesagt, nicht betrauert, nicht gewürdigt und verheimlicht wurde und wird. Es geht z. B. um das verschwiegene uneheliche Kind oder ein totgeborenes Kind, welche als Kinder nicht dazu gezählt wurden, oder einen unbekannten Vater, einen Vermissten, einen Versager, den *Nazigroßvater,* die Großmutter, die im Kindsbett starb und in Vergessenheit geriet, etc. Die Geheimgehaltenen gilt es zu entdecken und zu würdigen, die Wahrheit muss ausgesprochen werden. Die Ausgegrenzten brauchen wieder einen Platz im Familiensystem, denn sie gehören dazu. Auch wenn die Tante die Hure im Dorf war, muss sie das gewesen sein dürfen. Dann wird es nicht mehr notwendig, dass die Tochter auf das *Nichtgesehene,* z. B. die ausgegrenzte Tante, hinweist, die Tante vertritt, um durch ihre Symptomatik auf diese aufmerksam zu machen. Wenn die *Verborgenen* wieder ans Licht kommen, dann geht es allen im System gut. Und in diesem Fall kann die Tochter wieder ihr ganz eigenes Leben führen.

Ein weit verbreitetes Phänomen sind auch die *Kuckuckskinder* (immerhin 10 % aller Kinder), bei denen oft genug mindestens die Mütter auf diesem Geheimnis sitzen bleiben, sprich die leiblichen Väter nichts von ihren Kindern wissen, und die Männer, mit denen diese Frauen zusammenleben, glauben, es sei ihr leibliches Kind. Das Kind selbst spürt meist, dass es anders ist, fühlt sich fremd und nicht dazugehörig, und es weiß nicht wieso. Oft denkt die Mutter aber, für das Kind sei es besser, wenn es nicht um das Geheimnis wisse. Aber für das Kind haben diese Lüge und die damit verbundene seelische Verwirrung erhebliche Folgen. Auf der Suche nach Identität braucht die Seele eine klare Ausrichtung, und die besteht darin, seine Wurzeln zu spüren und auf die wahrhaft leiblichen Eltern schauen zu können. Darüber hinaus bindet dieses diffuse Gefühl für das Kind Lebensenergie. Wahrheit dagegen ist oft schmerzlich, aber auch heilsam.

Ich werte diese Geheimhaltung nicht, sondern ich will darauf hinweisen, welche fatale Wirkung sie für Mütter, Kinder, Väter und Stiefväter hat. *Kuckuckskinder* sind unbewusst häufig sehr loyal zum ausgegrenzten, wahren leiblichen Vater, ganz besonders, wenn das Kind nichts von ihm weiß. Das Kind muss ihn dann *vertreten* und will häufig unbewusst so werden wie er, z. B. einen ähnlichen Beruf ausüben. Oder es entwickelt aus Loyalität zum Vater ähnliche Symptome, z. B. Alkoholprobleme.

Verhinderungen für beruflichen Erfolg

Wie darüber hinaus aufgrund unbewusster Loyalität oder Verstrickungen eigener beruflicher Erfolg verhindert werden kann, will ich Ihnen an weiteren Beispielen zeigen. In manchen Familien sabotieren die Kinder selbst ihren beruflichen Erfolg, weil sie unbewusst glauben, aus der Familie ausgestoßen zu werden, wenn es ihnen finanziell und im beruflichen Status wesentlich besser geht als den Eltern. Dieses Phänomen findet sich zum Beispiel häufig bei adoptierten Kindern, deren leibliche Eltern zumeist aus sehr bescheidenen Verhältnissen kommen, die dann aber in den Adoptivfamilien innerhalb eines höheren Bildungs- und Einkommensniveaus aufwachsen. Diese Kinder orientieren sich unbewusst an ihren leiblichen Eltern und verhalten sich diesen gegenüber loyal.

Michael, ein Mann im mittleren Lebensalter, fand vor vielen Jahren den Weg in meine Praxis. Er konnte sich seinen Misserfolg als selbstständiger Unternehmer einfach nicht erklären. Auch andere aus der Familie und im Freundeskreis spiegelten ihm immer wider, dass er doch alle Voraussetzungen für ein erfolgreiches Berufsleben mitbrächte. Er hatte wirklich große Talente, er war fachlich sehr kompetent auf seinem Gebiet und hatte Führungsqualitäten dazu. Auch hier kamen wir im Gespräch erst weiter, als wir die Geschichte seines Großvaters mit einbezogen.

Dazu musste er allerdings erst einmal zu Hause im Familiensystem Recherche betreiben. Dort erfuhr er von Dingen, die er nie geahnt hätte. Sein Großvater hatte sich im „Dritten Reich" an Juden bereichert und damit schuldig gemacht. Nur so war er zu großem Reichtum gekommen. Diesen Reichtum hatte er natürlich an seine Nachkommen weitergegeben, somit profitierte auch der Enkel Michael davon. Michael aber wollte das Unrecht unbewusst für den Großvater büßen und ausgleichen. Durch unbewusste Sabotage in seinem eigenen Berufsleben verzichtete er auf Reichtum – in Verstrickung zum Großvater. Schon im Gespräch nach der Recherche erleichterte ihn diese Einsicht, das Ganze wurde noch untermauert durch eine Systemaufstellung. Sein Geschäft konnte neu erblühen.

Gerade auch zu Ihrem eigenen Erfolg im Berufsleben empfehle ich Ihnen sehr, näher im Familiensystem zu schauen, wem gegenüber Sie sich loyal verhalten. Wichtig wird es natürlich vor allem dann, wenn Sie keinen erwünschten Erfolg haben, immer wieder extreme Rückschläge erleben sollten oder sehr unglücklich und unzufrieden in ihrem Beruf sind.

Persönliche Traumata und traumatisierende Lebensereignisse

Bisher ging es um verhindernde Einflüsse innerhalb Ihres Familiensystems. Aber wie sieht es aus mit persönlichen Traumata, traumatisierenden Lebensereignissen und schweren Schicksalen? Der plötzliche Tod eines nahen Angehörigen, die schwere körperliche oder seelische Erkrankung eines Elternteils im Kindes- und Jugendalter, der frühe sexuelle Missbrauch oder gar die Vergewaltigung und vieles mehr? Auch diese Traumata können bis zum heutigen Tag einen wesentlichen Einfluss auf Ihr Leben haben – im Privaten wie im Beruflichen.

Sie alle kennen das Sprichwort *„Die Zeit heilt alle Wunden"*. Leider trifft dies hier so gar nicht zu. Wenn Klienten mir von ihren traumatischen Erlebnissen erzählen und die Tränen dabei auch noch nach 30 Jahren fließen, dann zeigt mir das, dass diese Erfahrungen immer noch gar nicht verarbeitet sind. Darüber sprechen, mit wem auch immer, hilft tatsächlich nicht allein.

Heutige Verlustängste im Sinne der Angst, erneut besonders durch Tod verlassen zu werden, haben in vergangenen Erfahrungen ihren Hintergrund. Ebenso können die frühen Missbrauchserlebnisse natürlich die heute gelebte Sexualität in der Partnerschaft immer noch massiv beeinflussen, zumindest dann, wenn diese Erlebnisse nicht verarbeitet sind. Dann geht es um die große Kunst, das Urvertrauen und das Vertrauen in diese Welt zurückzugewinnen. Ein erster Schritt könnte sein, dass Sie dem Einfluss dieser Erfahrungen und damit Ihrer Verwundbarkeit zustimmen. Und natürlich kann es in beiden Beispielen hilfreich sein, dass Sie Ihrem Partner von diesen Erfahrungen und den daraus folgenden Ängsten und Unsicherheiten ihm gegenüber erzählen. Achtsamkeit mit sich selbst und – wenn's gut geht – durch den anderen ist dann weit mehr als zuträglich.

Manchmal braucht es aber auch körpertherapeutische Methoden, wie sie zum Beispiel die traumatherapeutische Methode des *Somatic experience* von Peter Levine anbietet. Denn traumatisierte Menschen befinden sich zum Teil immer noch wie im Erstarrungszustand – Sie können sich diesen Zustand wie einen gefrorenen Eisblock vorstellen –, und sie sind in gewisser Weise im Trauma stecken geblieben. Es geht dann darum, den Stress und die Erinnerungen im Körper zu lösen und abzubauen. So können die durch Trauma gebundenen Energien wieder frei werden und in Fluss kommen, neue Lebenskraft kann initiiert werden. Und seien Sie auch gnädig mit sich: Kleine Spuren des Traumamusters könnten dennoch bestehen bleiben und zu Ihrem Leben gehören, so wie die Spuren eines jeden Jahres beim Baum ein Muster hinterlassen. Auch in diesem Muster ist die gesamte Geschichte des Organismus gespeichert.

„Der verlorene Zwilling“ – ein besonderes Trauma

Schon lange sind prä- und perinatale Einflüsse auf unser Leben bekannt, d. h. vor der Geburt im Mutterleib und während der Geburt selbst: z. B. besondere Dramatiken oder ein Kaiserschnitt im Vergleich zur natürlichen Geburt. Relativ jung in seiner Entdeckung und Erforschung ist aber eine besondere Form von pränatalem Trauma mit prägender Wirkung: das Phänomen des *verlorenen Zwillings,* ein vorgeburtlicher Verlust.

Neben den tatsächlich zur Welt gebrachten Zwillingen – die Zwillingsgeburten machen ca. 1-2 % der Geburten aus – gibt es noch weit mehr angelegte Zwillingsschwangerschaften, als bisher bekannt war. In ca. jeder fünften bis zehnten Schwangerschaft wird die Reise ins Leben nicht allein angetreten, bis einer der Zwillinge in der Gebärmutter stirbt und früh abgeht, meist in den ersten drei Monaten, und oft ohne dass es die Mutter bemerkt oder ohne dass immer eine leichte Blutung damit verbunden ist.

Zum Verständnis folgender Hintergrund: Barbara Schlochow, Hebamme und Therapeutin, schreibt in ihrem Buch *„Gesucht: Mein verlorener Zwilling",* dass Mehrlinge ab der 5. bis 6. Schwanger-schaftswoche per Ultraschall nachzuweisen sind. Die Gynäkologen teilen nach ihrer Darstellung aber üblicherweise erst im 3. Monat mit, dass die Frauen zwillingsschwanger sind. Die Erfahrung zeigt, dass von den Mehrlingsschwangerschaften nur ein kleiner Prozentsatz übrig bleibt. In den meisten Fällen verschwinden eines oder mehrere Embryonen bis zum nächsten Ultraschall.

Für die Überlebenden im Mutterleib ist dies ein gewaltiger Schock, der ihnen später nicht mehr bewusst ist. Der frühe Verlust einer solch intensiven Bindung wie zu einem Zwilling hinterlässt tiefe seelische und auch körperliche Spuren bei den Betroffenen. Und er bildet bei ihnen dann so etwas wie einen Hintergrundfilm für ihr Erleben und Verhalten im Leben, ohne dass sie einen Zusammenhang dazu herstellen können. Denn alles ist im Unterbewusstsein abgespeichert.

Er kann sich zum Beispiel in folgenden Symptomen im Leben zeigen: mangelndes Urvertrauen ins Leben, quälende Sehnsucht nach Verschmelzung, tief empfundene Einsamkeit, in ihrem Ursprung nicht verstandene Trauergefühle verbunden mit fehlender Lebensfreude, unerklärliche Schuldgefühle – als Schuld zu verstehen, selbst überlebt zu haben oder zu viel Raum beansprucht zu haben gegenüber dem Zwilling –, Todessehnsucht, Verlustängste und vieles mehr. Ganz besonders zeigen sich die Folgen, wenn es um Beziehung, Partnerschaft und Bindung geht. Denn hier flammen die Muster der frühen Erfahrung in der ersten innigen Bindung zum Zwilling wieder auf.

Ich habe Betroffene erlebt, die in Partnerschaften immer wieder enttäuscht wurden, weil sie auf der unbewussten Suche nach dem verstorbenen Zwilling keine Erfüllung finden konnten, oder auch Menschen, die für zwei arbeiteten, um unbewusst den Anderen mit zu vertreten. Oder Menschen waren gar nicht ganz in ihrem Körper in dieser Welt angekommen, weil sie energetisch aus Loyalität zu ihrem Zwilling noch zur Hälfte in der *anderen Welt* geblieben waren. Im Körper ist dann Energie gefangen, die im Alltag nicht zur Verfügung steht und die eine große innere Spannung erzeugt. Oder die Betroffenen trauen sich nicht, im Leben wirklich ihren Platz einzunehmen, es fällt ihnen schwer, ein wirkliches *Ich-Gefühl* zu entwickeln.

Hier spielt es natürlich noch eine Rolle, ob die Betroffenen einen gleichgeschlechtlichen oder gegengeschlechtlichen Zwilling verlieren. Beim gegengeschlechtlichen Zwilling hat dies natürlich erhebliche Auswirkungen auch auf die eigene Geschlechtsidentität, die oder der Betroffene kommt dann oft nicht wirklich an in seinem Frau- oder Mannsein. Wieder eine Variante, definitiv vom *eigenen* Leben abzukommen! Ich habe schon viele Menschen erlebt, für die die Entdeckung ihres Zwillings und die Auflösung der damit verbundenen Verstrickung eine Offenbarung wurde. Wenn diese Dynamik in ihrer Wirkung aufgelöst wurde – zum Beispiel durch Aufstellungen und/oder körpertherapeutische Methoden – konnte es in vielerlei Hinsicht ganz anders weitergehen für diese Menschen, mit zurückgewonnener ganzer Lebenskraft, völlig neuen Chancen und Erfüllung in der Partnerschaft, mit mehr Leichtigkeit, befreit von unbewussten Schuldgefühlen, und vielem mehr.

Auch für mich persönlich war die Entdeckung meiner *verlorenen Zwillingsschwester* der zweite ganz große Schlüssel zur Erklärung und zum Auflösen meines *Eigentlich,* wie ich es am Anfang dieses Kapitels beschrieben habe.

Wenn Sie dieses Thema vertiefen wollen, empfehle ich Ihnen neben dem oben erwähnten Buch von Barbara Schlochow die weiterführende Literatur von Evelyne Steinemann: *„Der verlorene Zwilling – Wie ein vorgeburtlicher Verlust unser Leben prägen kann"* und Alfred R. Austermann/Bettina Austermann: *„Das Drama im Mutterleib – Der verlorene Zwilling".* Diese Autoren haben auch die medizinischen Grundlagen zu diesem Thema sehr gut recherchiert.

Vielleicht haben Sie sich die Frage gestellt, ob Sie selbst davon betroffen sind, und wie Sie dies herausfinden könnten? Wenn Sie mit diesem Thema etwas zu tun haben, dann gehen Sie automatisch in Resonanz zum soeben von mir Beschriebenen. Und Sie entdecken Muster in Ihrem Leben, die Sie aufhorchen lassen, diese Möglichkeit mit in Betracht zu ziehen. Im Nachhinein nachweisen lässt sich das möglicherweise frühe Ereignis in Ihrem Leben definitiv nicht. Aber Sie können es kinesiologisch testen (lassen). Und Sie können es mit fachlich kompetenter Unterstützung für sich herausfinden und dann ggf. diese Dynamik gemeinsam auflösen, um diese alte Wunde heilen zu lassen.

Alte Versprechen, Schwüre, Eide und Verpflichtungen

Tiefe verhindernde Festschreibungen für weiteres Leben stecken auch in frühen, mindestens im Inneren ausgesprochenen Versprechen und Schwüren. Ich denke da zum Beispiel an einen Menschen, der als Kind in seinem Vertrauen gegenüber seinen Eltern zutiefst verraten wurde und in seiner damaligen Verzweiflung einen unbewussten Schwur leistete: *„Ich vertraue mich nie mehr einem Menschen so sehr an!"* Natürlich hat dieser Schwur erhebliche Auswirkungen auf sein späteres Leben, ganz besonders in puncto Beziehungen und Partnerschaft. Wichtig ist dann, solche alten Versprechen und Schwüre aufzudecken, sie zu wandeln und neue Entscheidungen zu treffen.

Diese für Mangelzustände verantwortlichen, früher getroffenen unbewussten Entscheidungen können sogar aus vergangenen, früheren Leben stammen. Selbstverständlich bleibt es Ihnen als Leser überlassen, wie Sie über vergangene Leben denken, und ob Sie daran glauben. Ich persönlich bin zutiefst davon überzeugt, schon sehr viele Male als Seele auf dieser Erde verkörpert gewesen zu sein. Ich habe sowohl bei mir selbst als auch bei anderen die Erfahrung gemacht, dass bestimmte Probleme und Herausforderungen manchmal leichter zu verstehen und auch zu lösen waren, wenn potenzielle Erfahrungen aus früheren Leben mit einbezogen wurden.

In so manchen Paar- oder Eltern-Kind-Konflikten macht dieser geweitete Blick – über das jetzige Leben hinaus – erheblichen Sinn. Dann scheint es so zu sein, als müsste in der jetzt geführten Partnerschaft etwas ausgeglichen werden, was in einer Beziehungskonstellation in einem früheren Leben geschehen ist. So bin ich einmal einer Mutter begegnet, die mir verzweifelt mitteilte, dass ihre Tochter sich wirklich nichts von ihr sagen ließ, im Gegenteil meinte, ihre eigene Mutter ständig erziehen und sogar massiv bevormunden zu müssen. In einer *Rückführung,* in der diese Mutter die alte Konstellation der beiden Seelen – der jetzigen Mutter und Tochter – aufschlüsseln konnte, wurde es klar: Im besagten vergangenen Leben waren die Rollen tatsächlich umgekehrt gewesen, und die beiden waren im Alten stecken geblieben. Es würde zu weit führen, diese Konstellation jetzt hier genauer zu erläutern. Aber Fakt ist: Das Mutter-Tochter-Verhältnis konnte nach dieser Sitzung wieder zur gegenwärtigen *Ordnung* zurückfinden.

Auch sind uns in früheren Leben Dinge widerfahren, die uns aus damaliger Sicht dazu gebracht haben, bestimmte Entscheidungen zu treffen. Hatten wir uns sehr offen und mit all unserem Wissen und unserer Weisheit gezeigt und präsentiert – z. B. als *Hexe, Schamane, Stammesführer* oder als politisch aktiver, aber verfolgter Mensch – und wurden dafür schwer bestraft, im schlimmsten Fall sogar getötet, dann haben wir höchstwahrscheinlich damals die Entscheidung getroffen, uns zu verschließen und uns nie mehr mit diesem Wissen und dieser Weisheit zu zeigen.

Soweit Sie als Leser selbst auch offen für dieses Thema sind, könnten Sie sich fragen: In welchen Situationen hatten Sie schon mal das Gefühl, dass Erfahrungen aus früheren Leben eine Rolle spielen und Sie aus dieser Zeit noch etwas mitgeschleppt haben könnten, z. B. in Begegnungen mit bestimmten Menschen?

Die Schamanen sprechen von *„verlorengegangenen Seelenanteilen"*, die bei vergangenen, auch traumatischen Ereignissen – auch aus früheren Leben – verloren gehen können. Ein Großteil der Heilarbeit eines Schamanen dreht sich um die Idee, diese Seelenanteile wieder zurückzuholen und in die gesamte Seele zu integrieren.

Und wenn ich dies nicht bereits selbst erlebt hätte – mit Erfolg für meine Weiterentwicklung –, hätte ich es nicht erwähnt. Sowohl in meiner Arbeit als Psychologin als auch in der Bewertung anderer Heilkünste schließe ich mich ganz dem Satz von Hippokrates an:

„Wer heilt, hat Recht!", oder auch den Worten Platos: *„Wenn Körper und Geist sich wohlfühlen sollen, musst du anfangen, die Seele zu heilen."*

Die eigenen Eltern – unsere Wurzeln

Wenn es um den Schlüssel für Ihre persönliche Freiheit und damit Ihr eigenes Leben geht, kommen Sie auf keinen Fall an Ihren Eltern vorbei: den Wurzeln Ihres Lebens. Schließlich haben Sie genau diesen beiden Menschen Ihr Leben zu verdanken – das Wesentlichste überhaupt! Daher kann die geklärte Beziehung zu Ihren Eltern – völlig unabhängig davon, ob diese leben oder nicht – gar nicht groß genug geschrieben werden. Genau dies beschreibt auch der bekannte Diplom-Psychologe Robert Betz, ein sehr erfolgreicher deutscher Lebenslehrer, Seminarleiter und Autor von Bestsellern der Lebenshilfe-Literatur. Er sieht die Eltern als die *„Türen zur Freiheit und dem Frieden mit dir und deinen Mitmenschen"*. Er rückt die Beziehung der *Mutter der Kindheit* bzw. des *Vaters der Kindheit* in den Fokus, wie sie uns damals geprägt und wie wir sie damals erlebt haben. Er bietet den Menschen Hilfe zur Selbsthilfe durch Meditations-CDs, in denen die Menschen zu Hause für sich im Inneren – durch ihn auf der CD angeleitet – ihren Eltern jeweils in fiktiven Räumen begegnen können. Es geht dann um die innere Wahrnehmung, auf welche Weise der eigene (Energie-)Körper mit dem (Energie-)Körper Ihrer Eltern verbunden ist, besser gesagt *verstrickt* ist. Im inneren Vorstellungsraum tauchen dann Bilder dieser Qualität von Verbindung auf.

Er spricht von *Verstrickungen* im leicht veränderten Sinne, er meint damit die *feinstofflich* spürbaren Verstrickungen und Fesselungen im inneren Bild, zum Beispiel in Form von wahrgenommenen Ketten, Seilen, Spinnfäden, die uns mit den Eltern (oder auch anderen wichtigen Personen in unserem Leben) verstricken und damit in der Unfreiheit halten. Diese Verstrickungen werden dann in der Meditation wiederum feinstofflich gelöst. *Feinstofflich* bedeutet, dass es sich nicht um materielle, gegenständliche und grobstoffliche Verbindungen von realen und anzufassenden Seilen, Stricken oder Spinnfäden handelt, sondern um rein energetische Verbindungen. Diese energetische Form klingt erst mal ungewohnt, aber die Auflösung dieser Wirkung mit ihren positiven Folgen spricht für die vorher vorhandenen energetischen Verbindungen. Andere Formen von *Feinstofflichkeit* finden Sie zum Beispiel bei den 7 *Chakren,* den Energiezentren unseres Körpers mit den dazugehörigen Qualitäten und Zuständigkeiten. Oder auch bei den *Energiekörpern,* die sich in unserer Aura befinden, wie z. B. dem *physischen Körper, dem ätherischen Körper, dem Emotionalkörper, dem Mental-, Astral- und spirituellen Körper.*

Auch beschreibt Robert Betz, wie wir auf diese Weise fremde Energien aufnehmen, die zu den Eltern und nicht zu uns gehören, zum Beispiel oftmals bei der Mutter Ängste, Schuld, Scham, Ohnmacht und Verhaltensweisen wie sich aufopfern, leiden, sich sorgen – und *„nicht zuletzt das Verurteilen von Männern".* Als Kind dieser Eltern wissen wir dann gar nicht, dass es sich um die übernommenen Gefühle von ihnen handelt. Wir nehmen gerade einmal wahr, dass wir uns auch immer so viele Sorgen machen – wie die Mutter es immer gemacht hatte –, oder wir verachten eben auch Männer im tiefsten Inneren und wundern uns, wie Männer uns dies ebenso spiegeln.

Robert Betz lädt die Menschen ein, diese fremden und über-nommenen Energien dann in der Meditation zurückgeben zu können. Das Gleiche bietet er auch für die Beziehung zum *Vater der Kindheit* an, die seiner Meinung nach bei den meisten noch tiefer im Dunkeln liege sowie verleugnet und verdrängt werde. Ich kann Ihnen die Arbeit mit diesen CD's wirklich empfehlen. Auch sie bietet einen Weg der Befreiung zu wirklich eigenem Leben.

Wie auch immer Ihre Eltern gewesen sind, versöhnen Sie sich! Sie können sich nicht abschneiden von Ihren Wurzeln, das ist nie der Weg zur Heilung. *Eigenes Leben* bedeutet aber auf jeden Fall, diese Wurzeln der Eltern und Ihrer Ahnen mitzunehmen.

Denn zu den *Ordnungen* innerhalb von Familiensystemen – auch innerhalb von Organisationen, sprich z. B. in den Firmen – gehört auch die *Rangordnung nach der Zeit.* Somit hat zum Beispiel eine neu gegründete und entstandene Familie Vorrang vor der früheren, und die Gegenwartsfamilie – Partner und Kinder – hat *Vorrang* vor der Herkunftsfamilie, den Eltern, Geschwistern, Großeltern etc. So gesehen hat dann die Rolle der Ehefrau oder des Ehemannes bzw. Partners sowie der Mutter oder des Vaters von Kindern Vorrang gegenüber der Rolle der Tochter oder des Sohnes in der Herkunftsfamilie.

Sie kennen alle das vielfach so emotional besetzte Thema der *Schwiegermutter.* Die Missachtung dieser Rangordnung ist mit Sicherheit oftmals mitverantwortlich für diverse Partnerschafts- und Beziehungsprobleme. Natürlich ist es wunderbar, wenn Sie ein entspanntes und liebevolles Verhältnis zu Ihren Eltern pflegen, auch und gerade wenn Sie bereits in eigener Partnerschaft und selbst gegründeter Familie leben.

Schauen Sie sich aber ruhig noch mal die Prinzipien, Werte und Vorstellungen Ihrer Herkunftsfamilie an, hinterfragen Sie sie, um Ihre eigenen zu finden, und sie in die Partnerschaft und ggf. neu gegründete Familie einzubringen. Jedes Paar darf schließlich seine gemeinsamen, möglicherweise neuen Werte und Vorstellungen finden. Also: Lassen Sie das Herkunftssystem hinter sich, stellen Sie sich im wörtlichen Sinne Ihre Eltern im Rücken vor – am besten mit dem Gefühl, sie zu respektieren, zu achten und zu würdigen.

Für die Frauen unter Ihnen empfehle ich darüber hinaus sich vorzustellen, wie Sie mit Ihren weiblichen Ahnen im Rücken den *weiblichen Saft* aus Ihrer Ahnenlinie tanken. Für die Männer empfiehlt sich das Gleiche mit ihren männlichen Ahnen, die Männer brauchen den *Saft aus der männlichen Linie.* Dieser Prozess stärkt beide Geschlechter in ihrer Kraft, ganz als Frau oder als Mann im Leben stehen zu können. Und dann schauen Sie nach vorne auf Ihr eigenes Leben, gegebenenfalls mit ihrem Partner an der Seite und Ihren Kindern, sprich Ihrer selbst gegründeten Familie.

Ich hoffe, Sie konnten in diesem Kapitel bereits neue Entdeckungen machen, was auch Sie auf tieferer Ebene vom eigenen Leben abgehalten (haben) konnte und könnte. Welchen Quellen Ihrer Hindernisse für den eigenen Lebensfluss sind Sie bereits auf die Spur gekommen? Wie gesagt: Das Bewusstwerden bestehender Dynamiken sind immer erste sehr große Schritte, die den Weg wieder frei machen können. Möglicherweise haben Sie aber auch anders verstehen können, dass Sie an der ein oder anderen Stelle gar nichts falsch gemacht haben, sondern es einfach nicht in Ihrer Hand lag. Und es fällt Ihnen jetzt leichter, sich nicht länger dafür zu verurteilen, was vermeintlich schiefgelaufen ist in dieser Hinsicht in Ihrem Leben. Und Sie können es besser annehmen so, wie es war. Dann ist der Schritt zur wirklichen Vergebung und Versöhnung nicht mehr weit. Ich meine damit eine Vergebung sich selbst, bestimmten Personen und dem Leben gegenüber. Sie bedeutet, Frieden zu schließen und sich mit dem bisher Gelebten zu versöhnen. Indem Sie die Vergangenheit loslassen, schaffen Sie Raum für das Neue. Genau darum wird es im folgenden Kapitel gehen.

Versöhnen Sie sich

Vor einiger Zeit las ich ein Interview mit Ndaba Mandela, einem der vielen Enkel von Nelson Mandela, und anschließend das 2018 von ihm erschienene Buch *„Mut zur Vergebung"*.

Der Autor, jetzt Mitte 30, lebte einige Jahre seiner Jugendzeit mit seinem Großvater zusammen, nach dessen Entlassung aus dem Gefängnis und auch während dessen Zeit als Präsident. Es ist ein sehr persönliches Buch, in dem er von seinem Zusammenleben mit seinem Großvater erzählt. Sowohl im Buch als auch im Interview lässt er den Leser teilhaben an den Weisheiten, die er durch seinen Großvater erfahren und gelernt hat, wie z. B.: *„Wut, Enttäuschung, verletzt sein – all diese Gefühle haben ihre Berechtigung, lernte ich von ihm. Aber wir müssen uns ihnen unbedingt stellen und sie irgendwann loslassen. Erst dann können wir vergeben. Was keineswegs bedeutet: zu vergessen."*

Warum erwähne ich Nelson Mandela an dieser Stelle? Weil ich weiß, wie schmerzliche Gefühle, wie zum Beispiel Trauer, Wut und Versäumnis oder alte Verletzungen und Enttäuschungen immer wieder aufbrechen können, ganz besonders dann, wenn wir neue Entdeckungen machen im Rückblick auf unsere bisherige Lebensgeschichte, so wie ich es in den ersten beiden Kapiteln geschildert habe. Eine wirkliche Vergebung, eine Versöhnung mit Ihrer eigenen Geschichte kann aber erst gelingen, wenn Sie diese Gefühle anerkennen und annehmen können. Und wenn Sie nicht mehr dagegen ankämpfen, wie Ihr bisheriges Leben war, sondern es so gewesen sein lassen können. Damit verbindet sich auch Ihre Bereitschaft, das Geschehene in einem größeren Zusammenhang zu sehen, eine größere Wahrheit zu erkennen in dem, was geschehen ist, um damit in Frieden zu kommen. Der Prozess der Versöhnung kann sich sowohl auf Sie selbst, auf bestimmte Personen in Ihrem Leben als auch auf Ihr gesamtes bisheriges Leben beziehen.

Für mich ist Nelson Mandela auch ein Beispiel dafür, dass unsere Fähigkeit zur Vergebung und Versöhnung keineswegs abhängt von den Umständen unserer Vergangenheit und dem, was wir erlebt haben, und auch nicht von dem, was uns angetan wurde, zu welcher Zeit und von wem auch immer. Nelson Mandela hat die Qualitäten *Vergebung* und *Versöhnung* gleich in zweifacher Hinsicht gelebt und geradezu verkörpert – politisch und persönlich. Er hatte die Weisheit, das Vergeben als Teil einer Führungsstrategie für ein tief verwundetes Land zu verstehen. Weltweit wurde er zu einem Idol. In seinen jungen Jahren war er ein sehr radikaler Widerstandskämpfer und stand daher 1952 vor Gericht, mit der bekannten Folge eines unglaublich langen und harten Aufenthaltes auf der Gefängnisinsel. Ganz besonders während seiner Zeit als Präsident führte Nelson Mandela das Land durch einen erstaunlich friedfertigen Übergang, dessen Markenzeichen nicht Rache, sondern Vergebung war.

Ich glaube, die weltweite Bewunderung und Verehrung galten auch der persönlichen Bewältigung seines besonderen Schicksals von 27 Jahren Gefängnis, dieser extremen Zeit der Härte und Entbehrung. Er blieb nicht im Groll, in der Verbitterung und in Rachegedanken hängen und wuchs über die Erfahrung des Opferseins weit hinaus. Er beeindruckte durch seine Präsenz, seine Würde und sein Charisma, seine kämpferische und dennoch friedfertige Kraft, seinen klaren und disziplinierten Geist, seine väterliche Ruhe, Wärme, Großherzigkeit und Güte, und eben vor allem durch seine unglaubliche Fähigkeit zur Versöhnung.

Mut zur Vergebung

Der Titel des Buches von Ndaba Mandela *„Mut zur Vergebung"* hat mir sehr gut gefallen. Denn er spricht aus, um was es bei diesem Prozess der Versöhnung geht. Er erfordert immer Mut, und er ist mit einer klaren Entscheidung zu diesem Schritt verbunden. Er ist niemals ein einmaliger Akt, sondern eine Reise auf dem Weg, wirklich

Frieden zu finden und zu fühlen. Wenn Sie den Mut zur Vergebung und Versöhnung in Ihrem Leben haben, so steckt darin eine große Kraft und die Absicht, die Vergangenheit hinter sich zu lassen, um nach vorne schauen zu können. Sie verlassen dann den Opfer-Archetyp, bleiben nicht mehr bei der *Warum-Frage* stecken, im Sinne von *„Warum ist mir das nur passiert? Warum ausgerechnet ich?"* etc.

Vergebung entlässt Sie immer in die Freiheit und in das Jetzt. Sie löst energetisch die Bande mit den Ereignissen im Leben, mit denen Sie nicht im Reinen sind bzw. mit den Personen, denen Sie bisher noch nicht vergeben konnten. Selbstvergebung steht hier mit an erster Stelle. Sie ersetzt dann Ihre eigenen Urteile und Ihre Kritik sich selbst gegenüber sowie die innere Anklage, es vermeintlich anders oder besser gemacht haben zu müssen. Selbstvergebung ist eine Form der Würdigung gelebten Lebens, sie erkennt an, es in jedem Moment so gut gemacht zu haben, wie Sie es in dem Moment konnten und wussten. Und dass Sie sich selbst die Lebenserfahrungen als einen Weg erschaffen haben, um daran zu lernen und zu wachsen.

Wo in Ihrem Leben bedarf es noch der Vergebung mit Ihnen selbst? Mit wem oder was steht noch Versöhnung aus? In welchen Bereichen Ihres Lebens sind Sie noch nicht ausgesöhnt mit dem, was Ihnen vermeintlich nicht so sehr gelungen ist?

Am Beispiel von Mia, einer 40-jährigen Frau, und ihrem Mann Thorsten will ich Ihnen demonstrieren, wie *Vergebung im zwischenmenschlichen Bereich* gelingen kann, und wie dieser Prozess der Versöhnung ablaufen könnte. Denn so viele von uns laufen mit altem Groll auf andere Menschen herum, haben mit andauernden zwischenmenschlichen Konflikten zu kämpfen oder tragen immer noch Schuldgefühle über vergangene Taten mit sich herum. Mia und Thorsten fanden vor einiger Zeit in meine Praxis. Ihre Ehe war nach ca. zehn Jahren in eine massive Krise geraten, Thorsten hatte ein Verhältnis zu einer anderen Frau gehabt. Diese Dreieckskonstellation dauerte nahezu ein Jahr, dann aber hatte er sich ganz klar wieder für sie und die gemeinsame Familie mit zwei heranwachsenden Kindern entschieden.

Mia konnte ihm diesen gefühlten Vertrauensbruch, der sie zutiefst geschmerzt hatte, nicht vergeben, nicht verzeihen. Und gleichzeitig gab es eine Stimme in ihr, die sich gewünscht hätte, ihm vergeben zu können, weil es auch ihrem Wunsch entsprach, ihre Ehe mit Thorsten fortzuführen. Für den möglichen Versöhnungsprozess zwischen den beiden war es aber auch wichtig, Thorstens Gefühlslage mit einzubeziehen. Thorsten plagte das schlechte Gewissen Mia gegenüber. Und er wünschte sich wieder eine vertrauensvolle, leichte und entspannte Begegnung, ohne permanent über diese eine Sache in Streit zu geraten. Was also brauchte Mia, um wieder mit sich, Thorsten und ihrer Ehe in Frieden kommen zu können?

Die Qualität der Vergebung ist entscheidend

Colin C. Tipping postuliert in seinem Buch *„Ich vergebe"* die *radikale Vergebung* gegenüber der herkömmlichen Vergebung. Und ich finde seinen Ansatz sehr überzeugend, weil auch ich die Qualität der Vergebung für entscheidend für ihre Wirksamkeit halte. Bei der herkömmlichen Vergebung sind wir gefährdet, im Ärger und in der Schuldzuweisung stecken zu bleiben, das Problem wird im Außen gesucht und beruht auf der Annahme, dass etwas Falsches passiert ist, und dass jemand einem anderen etwas angetan hat. Mia war zunächst genau in diesem Glauben gefangen, wenn sie an das Fremdgehen von Thorsten dachte.

Hierbei bleibt das Opferdenken wirksam, im Sinne der Überzeugung, dass jemand anderes für den mangelnden Frieden und das Unglück in unserem Leben verantwortlich ist. Dann überlassen wir dem anderen allein die Verantwortung und bleiben hilflos dem Geschehenen ausgeliefert. Und vieles, was sich als Vergebung – der herkömmlichen – verkleidet, ist nur maskierte Vergebung. So zum Beispiel dann, wenn Sie Vergebung aus einem Gefühl der Verpflichtung praktizieren, aus einem Gefühl heraus, im Recht zu sein. Oder aus der arroganten überheblichen Haltung heraus, Vergebung zu gewähren oder noch einmal Gnade walten zu lassen – *„Ich will Dir noch einmal verzeihen"* – und sich damit als etwas Besseres zu fühlen.

Der Kern der radikalen Vergebung ist die veränderte Wahrnehmung und Bewertung dessen, was genau passiert ist. Die schnelle und einseitige Schuldzuweisung, z. B. wer wem etwas angetan hat, sowie das eigene Opferdenken können Sie dann fallen lassen. Sie übernehmen Eigenverantwortung für das Geschehene und erkennen, wie auch Sie durch Ihre Gedanken und unbewussten Glaubensüberzeugungen genau diese Umstände und Situationen in Ihr Leben gezogen haben. Wenn Ihnen radikale Vergebung gelingt, setzen Sie enorme Mengen an Lebensenergie frei. Sie hilft Ihnen, Ihre Energien wieder ganz in die Gegenwart zu bringen.

Bitte beachten Sie jedoch Folgendes: Radikale Vergebung ist kein Krisenmanagement, sondern immer nur ein Weg aus einem zeitlichen Abstand heraus, nicht mitten in der Not. Damit meine ich den Moment, in dem Sie tief verletzt sind durch eine massive Kränkung, oder wenn Sie gerade einen Menschen auf tragische Weise verloren haben, oder Ihre Kündigung frisch eingetroffen ist etc.

Zurück zu Mia und Thorsten: Im ersten Schritt zur Heilung bei dieser Form der *radikalen Vergebung* ging es für Mia darum, diesen Schmerz der Verlassenheit und des gefühlten Vertrauensbruchs tief zu fühlen und ihm zuzustimmen. Sie konnte in unserem therapeutischen Kontakt ihren eigenen persönlichen Hintergrund wiederentdecken. In Ihrem Unterbewusstsein steckte noch der tief verwurzelte Glaube, nicht liebenswert und nicht gut genug zu sein – bei ihr hatte dieses Selbstgefühl seinen Ursprung in der verletzten Liebe zu ihrem Vater. Thorstens Untreue bekräftigte sie in dieser Selbsteinschätzung. Mia konnte die Realität dessen, was wirklich passiert war, folglich anders wahrnehmen. Sie konnte ihr altes Bild von Thorsten, dem Übeltäter, loslassen und verändern, hin zu jemandem, der ihr die Gelegenheit gab, ihren alten Schmerz zu heilen. So wurde der gleichen Geschichte ein neuer Rahmen gegeben. Statt die Situation als Tragödie zu empfinden, wurde Mia klar, dass ihre Seele genau diese Situation herbeigeführt hatte, damit sie daran lernen und wachsen konnte. Sie bekam eine Ahnung davon, das Geschenk dieser Lektion zu sehen und anzunehmen.

Aber für Mia und Thorsten war noch ein weiterer Schritt notwendig. Denn auch Thorsten konnte noch nicht unbeschwert auf Mia zugehen nach dem, was passiert war. Stattdessen hatte er noch massive Schuldgefühle ihr gegenüber, auch wenn Mia ihren Anteil an der Situation gefühlt und erkannt hatte. Wie konnte es also zum Frieden und zur Versöhnung zwischen den beiden kommen? Es brauchte noch einen besonderen Ausgleich. Auf der Paarebene hatte Thorsten dann doch Mia etwas *angetan,* was wieder gut gemacht werden wollte. Ich machte den beiden folgenden Vorschlag: Mia sollte sich von Thorsten etwas Großes wünschen, er sollte ihr einen Wunsch erfüllen, der für ihn einen Preis – nicht unbedingt nur finanziell gemeint – haben sollte.

Mia entschied sich für ihren lang gehegten Herzenswunsch einer verlängerten Wochenendreise zu zweit nach Prag, die von ihm innerhalb der nächsten Monate komplett organisiert und bezahlt wurde. Danach war es dann unbedingt notwendig, dass die beiden die alte Sache gewesen sein ließen. So konnten sie verhindern, dass bei jedem neuen Streit immer wieder das als Vorwurf reaktiviert wurde, was Thorsten Schlimmes getan hatte. Mias Schmerz konnte einerseits durch ihre Erkenntnis des eigenen Anteils, andererseits durch den Ausgleich dieser Reise weitgehend geheilt werden. Thorsten konnte durch seinen aktiven Beitrag zum Ausgleich seine Schuldgefühle hinter sich lassen. Ihre Ehe konnte wieder zu ihrer ursprünglichen Liebe und Entspannung finden. Vielleicht mögen Sie einwenden, dass sich das jetzt alles wunderbar und leicht anhört. Ich selbst weiß sehr genau, was diese Umsetzung in der Praxis bedeuten, und welch große Herausforderung damit verbunden sein kann. Aber diese Form der Versöhnung ist wirksam, es lohnt sich. Erfolgreiche radikale Vergebung schafft inneren Frieden.

Die Qualität der Versöhnung mit der Vergangenheit ist auch in anderer Hinsicht sehr wichtig. Wenn Sie z. B. mit einem früheren Partner in Frieden kommen wollen, geht es darum, dass Sie sich nicht im Trotz aus dieser Beziehung lösen oder in der Wut und im Vorwurf bleiben. Groll und Hass sind tatsächlich die stärksten Bindemittel, noch viel kraftvoller als die Liebe. Damit bleiben Sie noch viel stärker an die Person gebunden, als es Ihnen lieb ist. Die Kunst der Vergebung besteht eben auch darin, in Liebe zu vergeben. Und vor allem entlässt gelungene Vergebung Sie in eine neue Freiheit – in diesem Fall auch für neue Bindungen.

Weitere Wege zur Vergebung – praktische Rituale

Vergebung bedeutet auch gar nicht, dass Sie mit der Person, mit der Sie nicht im Frieden sind, unbedingt noch einmal sprechen müssen. Denn es geht bei diesem Prozess der Versöhnung um *Sie selbst*, und nicht um den anderen. Vergebung ist in erster Linie heilend für denjenigen, der vergibt.

Eine einfache, aber wirksame Methode zur Heilung und Versöhnung von Beziehungen ist das *Therapeutische Schreiben.* Spüren Sie zum Beispiel immer noch Verbitterung oder Wut oder verharren im Vorwurf gegenüber einer Person, von der Sie sich verletzt fühlen, dann schreiben Sie dieser Person einen Brief, den Sie allerdings unbedingt *nicht* abschicken sollten. Die Grundidee ist, Ihren Gefühlen unzensiert Raum zu geben, sie zum Ausdruck zu bringen, sie sich sozusagen von der Seele zu schreiben. Das können Sie sowohl Ihren Eltern gegenüber als auch Personen aus der jüngeren Vergangenheit, z. B. (Ex-)Partnern und Freunden tun. Schreiben Sie Ihre Verurteilung, Ihre Enttäuschung, Ihren Ärger, Ihre Wut, Ihren Groll, Ihre Abneigung und Ihre Verachtung heraus. Das ist sehr befreiend!

Auf fortgeschrittenem Niveau können Sie auch noch einen Schritt weiter gehen: Beantworten Sie diesen Brief gleich selbst – aus der Perspektive der von Ihnen angegriffenen Person. Dadurch werden Sie gezwungen, die Beziehung mit den Augen des anderen zu betrachten, und Sie können manches vielleicht leichter verstehen und damit versöhnlicher werden. Ein solcher *innerlicher Brief-*

wechsel kann Ihnen helfen, Distanz zu vergangenen Ereignissen zu bekommen.

Mir hat auch die folgende Variante von Tipping in seinem Buch *„Ich vergebe"* sehr gut gefallen. Er empfiehlt das Schreiben von insgesamt drei Briefen, einer *„Brief-Trilogie":* Für den ersten Brief bittet er die Menschen, ihrem Ärger, ihrer Wut und Enttäuschung absolut Luft zu machen, sprich nichts zurückzuhalten und wirklich alles herauszuschreiben. Am nächsten Tag folgt ein weiterer, der zweite Brief. Dieser Brief sollte bereits milder ausfallen. Sie sollten darin bereits Mitgefühl und Verständnis für die andere Seite mit hineinbringen. Am folgenden Tag schreiben Sie einen dritten Brief. In diesem Brief versuchen Sie eine neue Interpretation der Situation. Dort könnten Sie z. B. Ihre veränderte Sichtweise und Bewertung der Situation zum Ausdruck bringen.

Wiederum wird keiner dieser Briefe jemals abgeschickt. Sie sind einzig dazu da, *Ihre* Energie zu verändern, nicht die des imaginierten Empfängers. Aber seien Sie nicht überrascht, wenn Sie in der nächsten Begegnung auch bei dieser Person Veränderungen im Verhalten Ihnen gegenüber wahrnehmen. Diesen Briefen können Sie dann noch eine besondere Kraft geben, indem Sie eine kleine Zeremonie einer rituellen Verbrennung der Briefe vollziehen. Feuer war schon immer ein Element der Transformation und der Alchemie. Seien Sie kreativ in der persönlichen Gestaltung dieser Rituale der Versöhnung!

Bewertung Ihres bisher gelebten Lebens

Sie mögen vielleicht die Befürchtung haben, Versöhnung könnte auch bedeuten, sich das eigene Leben schönzureden. Das meine ich nicht. Manchmal brauchen Sie auch noch den Mut, sich dem Schmerz Ihres ungelebten Lebens, den verpassten Chancen in Ihrem Leben, zu stellen. Das können z. B. die versäumten Partnerschaften, das nicht abgeschlossene Studium oder die ungewollte Kinderlosigkeit sein. Dann geht es darum, sich diesen Dingen noch einmal zu stellen und sich von bestimmten ursprünglichen Lebensentwürfen definitiv zu verabschieden. Vielleicht gibt es auch ganz konkrete Situationen im Leben, die Sie nicht mehr rückgängig machen können.

Ich denke da z. B. an Frauen, die sich eingestehen müssen, dass Sie eine – im Nachhinein – einmalige Chance, ein Kind zu bekommen, verstreichen ließen oder sogar aktiv beendet haben. Oder an beruflich überaus engagierte und erfolgreiche Männer, die sich von ihrer eigenen Frau und den Kindern so sehr entfremdet haben, dass ihre Ehe daran zerbrach und sie ihre Kinder kaum kennen. Es bleibt dann, diese ohnmächtige Trauer noch einmal zu fühlen, dem Schmerz zuzustimmen, bevor es wieder nach vorne gehen kann. Achten Sie aber auf jeden Fall sehr genau auf Ihre Geschichte, die Sie sich immer wieder selbst oder anderen erzählt haben oder erzählen. Denn es sind nicht allein die Ereignisse selbst, die uns oder unsere Zukunft prägen. Wesentlich ist, wie wir das Geschehene wahrnehmen und deuten.

Ähnlich wie ich es bereits im Kapitel *„Ist das IHR Leben?"* beschrieben habe, können die gleichen Ereignisse und Lebensumstände völlig unterschiedlich erlebt und bewertet werden. Sie können das, was in Ihrem Leben passiert, z. B. in Ihrer Kindheit und Jugend, als Chance zum Wachsen oder als Hindernis sehen, entscheidend ist Ihr persönlicher Blick auf das Geschehene. Oft gelingt uns eine Neubewertung von schwierigen Lebensereignissen oder Lebensphasen erst im Rückblick. Dann kann auch eine Scheidung als Chance zu einer neuen, erfüllten Liebe gesehen werden, genau wie der erzwungene Stellenwechsel sich später als großer Segen für die weitere berufliche Laufbahn herausstellen kann.

Und viele Menschen empfinden es so, dass bestimmte schwere Erfahrungen sie eher gestärkt als geschwächt haben. Und aus Dramen und Herausforderungen können große Kraftquellen, Ressourcen und Potenziale entstehen. Ich denke da zum Beispiel an Menschen, die in jungen Jahren in Drogenabhängigkeit gefangen waren oder zuhause einen alkoholkranken Elternteil hatten, und die später hervorragende Sozialarbeit mit Drogenabhängigen oder Suchtkranken machen. Von mir persönlich glaube ich, dass die traumatischen Erfahrungen und Verlusterlebnisse in meiner Jugendzeit mir auch viel Mitgefühl,

Verständnis, Achtsamkeit, Tiefe und Demut in mein Leben gebracht haben. Und sie gaben mir Stärke und Kraft als Person. Schließlich bereiteten mich diese Qualitäten auch darauf vor, die Verantwortung in meinem therapeutischen Beruf zu tragen.

Ihr Urteil über das, was Sie bekommen, bestimmt, wie Sie Ihr Leben empfinden, ob als schmerzhaft oder erfreulich. Damit verbindet sich auch die Empfehlung: Wenn Sie Ihr Schicksal – sei es in der Vergangenheit oder in der Gegenwart – nicht ändern können, dann ändern Sie Ihre Einstellung dazu. Alles, was Sie ablehnen, verurteilen, nicht akzeptieren wollen, bleibt! Sich gegen Ihre Vergangenheit zu wehren, sie anders haben zu wollen, im Widerstand zu sein, bindet sehr viel Energie. *Nein* ist eine kraftvolle Bindung.

Das entscheidende Wörtchen *Ja* – zu dem, was war und ist – kann sehr heilsam sein, auch wenn es meist Zeit braucht. Und wenn Ihnen dieses kleine Wörtchen gelingt, dann ergänzen Sie es bitte noch mit einem *Und* statt einem *Ja, aber …: „JA, ich hatte eine schwere Kindheit und Jugend, UND jetzt gelingt es mir, selbst eine eigene glückliche Familie zu haben und zu führen." – „JA, mir wurde die Möglichkeit zu einem Studium verwehrt, UND ich bin zufrieden in meinem jetzigen Beruf und dem, was ich daraus gemacht habe."* Dann gibt's automatisch wieder Vorwärtsgang in Ihrem Leben. Ganz besonders Scham- und Schuldgefühle wie z. B. für vermeintliche Fehler im Leben kosten sehr viel Energie, beschweren Sie und verhindern Ihre schöpferische Neuausrichtung. Und bitte akzeptieren Sie es, dass es zu Ihrer Lebensreise auch gehört, durch tiefe Täler und Schluchten zu gehen, genauso wie Sie den erhabenen Blick auf dem Berg und von den Höhepunkten in Ihrem Leben genießen können.

Wertschätzung und Dankbarkeit

Wesentliche und friedvolle Qualitäten, um mit dem bisher Gelebten in Einklang zu kommen, sind *Wertschätzung* und *Dankbarkeit.* Durch sie erkennen Sie an, dass Sie in Harmonie mit dem Universum sind und das annehmen, was es Ihnen zu bieten hat. Sie lenken den Blick auf das, was Sie haben, hatten oder bekommen haben. *Wertschätzung* bedeutet auch, das eigene Leben zu würdigen, inklusive dem, was Sie schon bewältigt haben und wie Sie das getan haben. Damit verbindet sich das Zugeständnis, dass alles in Ihrem Leben wertvoll und sinnvoll war. *Dankbarkeit* ist geteilte Freude, und damit zeigen Sie, dass am Entstehen der Freude auch immer andere Menschen – oder das Leben selbst – beteiligt waren und sind. Und indem Sie dankbar sind, bezeugen Sie, dass Ihnen Gutes in Ihrem Leben zuteil geworden ist.

Es gibt viele Gründe, dankbar zu sein, aber viele Menschen schätzen Dinge nicht, bis sie sie verlieren. Es sind oft auch die Dinge des alltäglichen Lebens, die wir nicht mehr wahrnehmen: das friedliche Land, in dem wir wohnen, das saubere Trinkwasser, die Selbstverständlichkeit von guter Nahrung, einen funktionierenden Körper, liebevolle Menschen, die uns auch umgeben, gesunde Kinder, ein Arbeitsplatz, der uns ein Leben in diesem westlichen Reichtum ermöglicht etc. Sehr wohltuend und heilsam ist gelebte Dankbarkeit auch für jede Beziehung und Partnerschaft. Damit schauen Sie nicht mehr auf das, was nicht funktioniert, und auf die vermeintlichen Fehler des anderen, sondern auf das, was der andere Ihnen schenkt, wofür Sie ihm dankbar sein können: seine Liebe, seine Zuverlässigkeit, seinen großen Einsatz für die Absicherung der Familie, seine Kochkünste, seine liebevolle Gestaltung für ein schönes Zuhause etc.

Dankbarkeit macht glücklich, sowohl den anderen, bei dem wir uns bedanken, als auch uns selbst. Dankbarkeit ist einfach eine sehr intelligente Art, äußeren und inneren Reichtum in Ihr Leben zu ziehen. Denn wenn Sie realisieren, dass Sie auch schon reich beschenkt wurden, dann beginnen Sie dem Leben zu vertrauen, dass es Sie weiterhin reich beschenken wird. Das, wofür Sie dankbar sind, wird mehr werden. Dankbarkeit ist so gesehen das gelebte *Gesetz der Resonanz, der Anziehung.* Von Herzen kommende Dankbarkeit ist ein Schlüssel zur Fülle, und sie macht frei fürs Neue. Dankbarkeit macht friedlich. Und insofern gehört sie für mich auch mit zum Prozess der Versöhnung.

Anselm Grün meint auf die Frage: *„Wer ist glücklich?“*: *„Wohl diejenigen, die dankbar zurück oder hoffnungsvoll nach vorne schauen können.“*

Schaffen Sie Raum für das Neue – im Innen wie im Außen

Wenn es Raum für Neues in Ihrem Leben geben soll, brauchen Sie Platz. Entsorgen Sie und räumen Sie auf! Was in Ihrem Leben muss jetzt immer noch gesagt, getan, vergeben oder losgelassen werden? Und vergessen Sie nicht das *Aufräumen* auch im Außen, sprich bringen Sie Klarheit und Ordnung in Ihr Zuhause oder an Ihren Arbeitsplatz. Jetzt ist der beste Moment! Misten Sie aus, verabschieden Sie sich von nicht mehr gebrauchten Gegenständen, die Sie nicht mehr glücklich machen. Trennen Sie sich von allem, was Sie noch an altem Groll und einer schweren Vergangenheit festhalten lässt. Denn diese binden viel Energie und beschweren Sie auf unnötige Weise. Lassen Sie los! Gönnen Sie sich das Gefühl der Befreiung von alten Lasten.

Wenn Sie dieses Thema vertiefen wollen, kann ich Ihnen sehr das Buch der japanischen Autorin Marie Kondo *„Magic Cleaning – Wie richtiges Aufräumen Ihr Leben verändert“* (ein Bestseller!) empfehlen. Sie weist ihre Leser auch unbedingt darauf hin, eine bestimmte Reihenfolge beim Aussortieren einzuhalten: erst die Kleidung, dann die Bücher, die Papiere, den Kleinkram und ganz zum Schluss die Erinnerungsstücke! Und sie begründet dies damit, dass die Gegenstände natürlich eine unterschiedlich emotionale Ladung haben, und es damit verbunden leichter oder schwerer fällt, sich von ihnen trennen zu können, etwa Kleidung im Vergleich zu alten Fotos (z. B. aus der Kindheit oder das Hochzeitsalbum der bereits geschiedenen Ehe). Vertrauen Sie immer Ihrem persönlichen Gefühl beim Aussortieren und fragen Sie sich, ob bestimmte Gegenstände Ihnen jetzt noch dienen und Sie jetzt noch glücklich machen. Und dann behalten Sie genau die Teile, die dieses Kriterium erfüllen, und erfreuen Sie sich an diesen.

Wenn Sie aufräumen, Ihren Besitz reduzieren, dann wird Ihnen deutlich werden, was Ihnen jetzt im Leben wichtig ist, was jetzt Ihre Werte sind. Und Sie schaffen Platz und Raum für das Neue, für ein Leben, dass Sie nach Ihren eigenen Maßstäben gestalten und genießen können, für ein Leben, das Sie jetzt glücklich macht, für einen Weg der Freude und Leichtigkeit.

Und überprüfen Sie bitte auch Ihre aktuell gelebten Beziehungen! Ich spreche hier von den selbst gewählten Freunden und nicht von den Kollegen und dem Chef, mit denen Sie sich arrangieren müssen. Gibt es noch Ungeklärtes in diesen Beziehungen? Dann klären Sie es! Oder vielleicht gibt es darunter Beziehungen, die Ihnen so gar nicht mehr guttun oder die sich als wahre *Energieräuber* entpuppen? Dann sollten Sie sich von diesen lösen, so dass sie Ihr Leben nicht länger belasten. Sie haben das Recht zu wählen. Eine wichtige Frage könnte sein: Stärkt Sie diese Beziehung, oder schwächt sie Sie? Fördert, ermutigt und inspiriert Sie diese Beziehung, oder ist das Gegenteil der Fall? Nehmen Sie diese Bewertung in ihrer Gesamtheit vor. Denn es geht mir nicht darum, dass Sie zum Beispiel für eine Freundin während einer besonders herausfordernden Lebenssituation und Krise sehr intensiv da sind und in dieser Zeit kein ausgeglichenes Niveau spürbar ist. Das ist völlig in Ordnung – solange es aus nachvollziehbaren Gründen und für einen absehbaren Zeitabschnitt so ist.

Wenn es sich um verwandtschaftliche Beziehungen handelt, wie z. B. Ihre Eltern und Geschwister, so ist die Freiheit zur eigenen Wahl natürlich begrenzt. Hören Sie dennoch auf Ihr Gefühl, wie es Ihnen in diesen Kontakten geht. Wenn er Ihnen vor allem viel Energie kostet, so seien Sie besonders achtsam im Umgang mit Ihren Verwandten und reduzieren Sie ihn auf ein Minimum.

Vergebung und Aussöhnung mit der Vergangenheit – davon kann Leben ausgehen. Ihr Leben wird leichter, und Sie können wieder nach vorne schauen. Wenn Ihnen dies gelingt, gewinnen Sie Freiheit für die Neuausrichtung, für Ihre eigenen, neuen Träume und Visionen. Gefragt nach der wichtigsten Lektion seines Großvaters Nelson Mandela sagt Ndaba Mandela: *„Jeder ist der König seines eigenen Geistes.*

Niemand kann dir diese Selbstbestimmtheit, diese innere Stimme nehmen. Auf die gilt es zu hören."

Lauschen auch Sie Ihrer inneren Stimme, schauen Sie nach *innen.* Denn nur dort finden Sie das, was für Sie das Stimmige ist, was Sie jetzt wirklich wollen. Im 2. Teil des Buches wird es genau darum gehen. Sein Großvater habe ihn auch immer wieder eine einzige Frage gestellt, die Ndaba im Interview verrät:

„Wovon träumst du? Folge deinem Traum. Wenn dir jemand einreden will, dass sei verrückt, albern, unerfüllbar -, dann träum' weiter. Noch mehr und noch verrückter."

Mit diesen Worten will ich Sie mit in das nächste Kapitel nehmen: *„Entdecken Sie Ihre Träume und Visionen*".

„Was hinter uns liegt
und was vor uns liegt,
sind nur Kleinigkeiten im Vergleich
zu dem, was in uns liegt.

Und wenn wir das, was in uns liegt,
nach außen in die Welt tragen,
geschehen Wunder.“

Henry Stanley Haskins

Teil 2
Ein Blick nach innen

Entdecken Sie Ihre Träume und Visionen

Um Ihren neuen Weg in *Ihr* Leben jetzt gehen zu können, brauchen Sie das Wissen, wer Sie sind, was Sie ausmacht, und welche dieser Qualitäten sowie welche Herzenswünsche, Träume und Visionen Sie leben wollen. Die Antworten finden Sie nie im Außen, sondern nur durch den Blick und das Horchen nach innen. Durch diese Innenschau haben Sie die Chance, nun ein bewusstes, proaktives Leben von *innen nach außen* zu leben. Dann verlassen Sie das *reaktive* Leben, in dem Sie meist unbewusst auf die äußeren Umstände, Einflüsse und Erwartungen von außen reagiert haben bzw. durch diverse Verstrickungen vielleicht auch fehlgeleitet wurden. Wie es dazu kommen konnte, habe ich Ihnen im ersten Teil des Buches ausführlich beschrieben.

Werden Sie nun zum *Schöpfer* Ihres Lebens! Setzen Sie der alten Entfremdung etwas entgegen, indem Sie sich auf die Suche nach sich selbst machen und dem, was Sie jetzt in Ihrem Leben wirklich wollen. Sie haben die große Chance, Ihrem Leben eine neue Richtung zu geben. Jetzt können Sie bewusst neu wählen.

In welcher Lebensphase Sie auch immer gerade sind – spüren Sie den großen Fragen nach dem Sinn in Ihrem Leben nach, nach dem, was für Sie jetzt *sinn-voll* ist, sprich Sinn für Sie macht. Das entscheidende Fragewort hierzu ist das: *Wofür?* Sinn erleben Sie dann, wenn Sie das umsetzen, was Ihnen wertvoll und wichtig ist. Und wenn Sie mit natürlicher Freude dabei sind und es Ihnen leichtfällt. Wenn Sie es zu tun lieben, wenn es Sie stärkt und nährt. Der Sinn ist das, was Ihr Leben lebenswert macht. Er ist das Feuer, für das Sie brennen.

Die Sinnphase in Ihrem Leben

Mit der Ausrichtung auf eine neue Qualität in Ihrem Leben – nach etwas Neuem, Sinnvollem, Wertvollem, nach den jetzt für Sie stimmigen Herzenswünschen, Träumen und Visionen – liegen Sie in jeder Lebensphase richtig. Ganz besonders aber dann, wenn Sie schon ein ganzes Stück Ihres Lebensweges zurückgelegt haben.

Gerade im mittleren Lebensalter steigt die Sehnsucht nach dem tieferen Sinn im Leben. Wenn Sie sich da den Fragen nach dem *„Wer bin ich?", „Was soll ich?"* und *„Warum bin ich hier?"* stellen, ist das ganz besonders spannend und ertragreich. Diese Fragen drücken das Bedürfnis aus, die eigene Bestimmung zu erkennen und ihr zu folgen – und sie warten auf Antwort.

Wayne Dyer, ein sehr erfolgreicher, kürzlich verstorbener amerikanischer Lebenshilfe-Lehrer, spricht von der *„Sinnphase unseres Lebens"*, in der auch unsere Werte auf den Kopf gestellt werden, und in der wir unserer Bestimmung folgen wollten. Diese ordnet er dem *„Nachmittag des Lebens"*, der Lebensmitte zu. Und er sagt:

„Was am Morgen noch großartig war, wird uns am Nachmittag wenig bedeuten. Und was morgens noch wahr ist, entpuppt sich abends dann als Lüge."

Dyer meint damit besonders die völlig veränderten und verschiedenen Werte im fortgeschrittenen Lebensalter – am Nachmittag des Lebens. Er berichtet in seinem Film *„Shift"* (2009) von einer sehr interessanten Studie zum Thema *„Wertewandel im mittleren Lebensalter"*. In dieser Langzeitstudie wurden Männer und Frauen viele Jahrzehnte ihres Lebens begleitet und nach ihren Werten und ihren dazugehörigen Prioritäten für ihr Leben gefragt – jeweils am *Vormittag ihres Lebens,* und viele Jahre später am *Nachmittag ihres Lebens.*

In Kürze die Ergebnisse: Für die Männer standen am *Vormittag des Lebens* folgende Werte hoch im Kurs – in dieser Rangfolge: *„Wohlstand, Abenteuer, Erfolg, Vergnügen und der Wunsch, respektiert zu werden"*. Die Werte am *gelebten Nachmittag* waren: *„Spiritualität, persönlicher Frieden, Familie, Gefühl der Bestimmung und Ehrlichkeit"*.

Die Frauen starteten im Lebenszyklus mit den wichtigsten Werten in folgender Priorität: *„Familie, Unabhängigkeit, Karriere, Anpassung und Attraktivität"*. Sie wechselten in der Lebensmitte zu Werten wie *„persönliches Wachstum, Gefühl der Selbstachtung, Spiritualität, persönliches Glück und Vergebung"*. Der Wandel bei beiden Geschlechtern war also gewaltig. Ich bin mir sicher, dass eine solche Befragung in Europa zu ähnlichen Ergebnissen führen würde.

Wie diese Studie sehr eindrücklich zeigt, ist die Antwort zum Sinn des Lebens und ihren zugehörigen Werten am *Vormittag des Lebens* viel stärker an Äußerlichkeiten und oft vergänglichen Dingen orientiert. In der zweiten Lebenshälfte kommt es offensichtlich dann zu der Erkenntnis, dass die Zufriedenheit nicht mehr nur durch Äußeres zu erlangen ist. Viele Menschen in dieser Umbruchphase fühlen sich innerlich leer, auch wenn Sie äußerlich alles erreicht haben. So werden sie geradezu gezwungen, ihre Werte zu überprüfen und zu korrigieren. Am *Nachmittag des Lebens* entwickelt sich meist eine Haltung, die sich an inneren Werten orientiert und dann viel eher zur Erfüllung führen kann.

Und jetzt lade ich Sie ein, ganz konkret *Ihre* persönlichen Werte – so wie sie jetzt für Sie relevant sind – aufzuspüren.

Ihre Werte als Kompass

Sich der eigenen, persönlichen Werte bewusst zu sein bzw. zu werden, stellt eine ganz wesentliche Basis dar, wenn es im späteren weiteren Schritt um das Aufspüren Ihrer neuen, jetzt für Sie stimmigen Herzenswünsche, Träume und Visionen in Ihrem Leben gehen soll. Ihre Träume und Visionen – ein bestimmtes Projekt, eine Sache, eine Arbeit, eine Liebesbeziehung – werden Sie in der Tiefe nur erfüllen, wenn sie Ihren Werten entsprechen und diese zum Ausdruck bringen. Das, was Sie jetzt leben wollen, ist ein Spiegel und ein Ergebnis der Werte, die Ihnen jetzt wichtig sind und die Sie jetzt nähren. Nicht zuletzt stellen klare Werte – und das Bewusstsein darüber

– auch einen guten Kompass für Ihren neuen wirklich eigenen Weg im Leben dar. Seien Sie es sich wert!

Schaffen Sie sich Räume für dieses Horchen nach innen. Gönnen Sie sich Ruhe und Zeit, eine Stunde der Muße, auf dem Sofa, bei einer gemütlichen Tasse Tee, in Stille, bei Ihrer Lieblingsmusik … – ganz nach Ihrem Gusto. Oder legen Sie die Füße hoch und sinnieren Sie – mit Blick aus dem Fenster –, und geben Sie Ihren Gedanken freien Lauf. Machen Sie ein Brainstorming zu Ihren jetzt für Sie stimmigen Werten.

Sammeln Sie Ihre Einfälle und Ideen, greifen Sie zum Stift und schreiben Sie es auf, wie es Ihnen gefällt: ins Tagebuch, auf ein großes Blatt Papier, auf ein Flipchart. Und danach lassen Sie es ruhig auch mal liegen. Oft kommen Einfälle, Ideen und Impulse ganz spontan in Momenten, in denen Sie nicht mehr gezielt nachdenken und somit auch gar nicht damit rechnen. Als Anregung für Ihre persönliche Auflistung Ihrer Werte sollen Ihnen folgende Beispiele aus verschiedenen Lebensbereichen dienen:

- *Zu Ihrer Person, Ihren Fähigkeiten, Ihren Stärken und Ihrem inneren Erleben:* Freude, Liebe, Individualismus, Unabhängigkeit und Freiheit, Durchsetzungsfähigkeit, Sicherheit, Gelassenheit, Verantwortlichkeit, Kreativität, Organisationstalent und inneres Wachstum, innere Freiheit.

- *Zu Ihrem Körper, Ihrer Seele und Ihrer Gesundheit: Ihre körperliche Fitness,* Ihr Sinn für Schönheit und Ästhetik, Sinnlichkeit, geistig-seelische Entwicklung, gesunde und gute Ernährung, Gesundheit und Gesunderhaltung.

- *Zu Ihrer Qualität von gelebten Beziehungen, in der Arbeit, in der Familie und in der Partnerschaft:* Werte wie Achtsamkeit, Liebe, Respekt, Fairness, Verbindlichkeit, liebevoller Umgang, Großzügigkeit, Gemeinschaft, Verbindung, Ehrlichkeit, Zuverlässigkeit, Mitgefühl, Güte.

- *Zu materiellen Werten/Ihrer Lebensform:* Materielle Werte wie zum Beispiel Besitz von Kleidung, Einrichtung, Wohnung, Haus, gemütliches Zuhause, Lebensgenuss, Tierliebe, Reisen, Qualität der Infrastruktur Ihres Wohnortes, Naturverbundenheit.

- *Zu Ihrer Arbeit, den Arbeitsbedingungen Ihres beruflichen Umfeldes und den dort gelebten Werten:* Freiheit, Freude, Selbstverwirklichung, Gestaltungsspielraum, Sinnhaftigkeit in der Arbeit, ökonomische Sicherheit, finanzieller Erfolg, Kollegialität, Teamzugehörigkeit, Führungskompetenz und Führungsmöglichkeiten.

- *Zu den ökonomischen, politischen und kulturellen Gegebenheiten und Bedingungen des Landes, in dem Sie leben:* eigenes politisches Engagement, gesellschaftliche Verantwortung, Frieden.

Es geht hier nicht um eine perfekte analytische Aufstellung, sondern um einen Überblick Ihrer Werte bzw. Ihrer wichtigen Grundqualitäten, die Sie jetzt in Ihr Leben bringen wollen, um die es in Ihrem Leben gehen soll. Vielleicht fallen Ihnen auch andere, für Sie persönlich besonders wichtige Werte ein, dann ergänzen Sie diese. Im nächsten Schritt sollten Sie diesen Werten die persönliche Ladung, die sie jeweils für Sie haben, zuordnen. Stellen Sie sich innerlich eine Skala von 1-10 vor und geben Sie den von Ihnen gefundenen Werten eine Wichtung in Form einer Zahl, zum Beispiel dem Wert von *Kreativität und Gestaltungsspielraum* eine *8,* dem von *Teamzugehörigkeit und Kollegialität* eine *5.* Die Zahlen bilden dann die Wichtigkeit der verschiedenen Werte für Sie ab.

Wenn Sie mögen, markieren Sie diese Bewertungen mit verschie-denen Farben, z. B. Grün für Werte von 7-10, Gelb für 4-6 und Rot für 1-3. Werten Sie das Ganze aus, es wird sich bereits ein erstes Bild ergeben von dem, was Ihnen wirklich wichtig ist in Ihrem Leben – jetzt in Ihrer neuen Ausrichtung. Bei der Auswertung Ihres inneren Wertebildes werden Sie sicherlich auch auf Widersprüchliches und Unvereinbares stoßen. Dann geht es um eine Abwägung von Werten gegeneinander, besonders wenn es um Entscheidungen geht, die daraus folgen. So zum Beispiel, wenn Sie vor der Frage stehen, ob sie weiterhin in einer Festanstellung bleiben oder eine Selbstständigkeit und Freiberuflichkeit anstreben. In diesem Fall gilt es, den Wert der *Sicherheit* dem Wert der *Freiheit* entgegenzusetzen. Und fragen Sie sich an dieser Stelle auch: Welchen Preis bin ich jeweils bereit, für meine Werte zu bezahlen?

Gerade wenn Sie sich beruflich neu orientieren, halte ich die Beschäftigung mit den eigenen Werten – diese Wertereflexion und damit Bewusstwerdung – für wertvoll und unverzichtbar. Wie oben beschrieben, wandeln sich die Werte im Laufe des Lebens, und sie dürfen oder müssen auch den Lebensumständen angepasst werden. In diesem Beispiel könnte der Wert von Sicherheit in der Lebensphase einer jungen Familie anders gewichtet werden, als wenn Sie nur für sich selbst verantwortlich sind, oder die Familienphase und ihre damit verbundene Verantwortung und finanzielle Verpflichtung bereits hinter Ihnen liegen.

Und es kann natürlich Wertekonflikte zwischen verschiedenen Bereichen Ihres Lebens geben, z. B. zwischen Ihrer beruflichen Karriere und Ihrer Familie, verbunden mit dem Wunsch, beiden gerecht werden zu wollen. Dann geht es darum, dass Sie sich im jeweiligen Lebensabschnitt für eine Gewichtung Ihrer Werte entscheiden. Zum Beispiel, wenn Sie in der Kleinkinderphase Ihre beruflichen Ambitionen zurückstellen, oder andererseits auch mal einem wichtigen Jahr im Beruf den Vorrang geben und damit den Preis in Kauf nehmen, den das für Ihre Familie hat, am besten natürlich auch in Absprache mit Ihrem Partner.

Häufig werden Ihnen Werte erst bewusst, wenn diese verletzt werden. Das kann Ihre nahen Beziehungen wie Partnerschaft oder Freundschaften betreffen, aber auch Ihre Arbeitssituation – mit Werten wie Ehrlichkeit, Zuverlässigkeit und Verantwortlichkeit. Angenommen, Sie arbeiten als Produktmanagerin in einem Bekleidungsunternehmen, für dessen Gewinne Sie mit verantwortlich sind. Und irgendwann kommen Sie an den Punkt, wo Sie nicht mehr dahinterstehen können, dass Ihre Gewinne ausbeuterischen Arbeitsbedingungen in Fernost zu verdanken sind, ganz zu schweigen von der ökologischen Verträglichkeit für Mensch und Natur. Dann wird die Wertereflexion zu einer *Stunde der Wahrheit,* die mehr als Sinn macht.

Die Aufschlüsselung Ihrer Werte wird Ihnen bereits Hinweise und Ideen geben zu Ihrem *Eigenen* und jetzt für Ihr Leben persönlich Stimmigen, ganz besonders zu Ihren Träumen und Visionen. Und wo und wie finden Sie sonst noch Zugang zu Ihren Herzenswünschen, Träumen und Visionen?

Zugänge zu Ihrem Inneren – Räume und Orte zum Spüren und Fühlen

Es gibt unterschiedliche Wege, zu Erkenntnissen zu kommen. In der soeben beschriebenen Entdeckung und Aufstellung Ihres inneren Wertebildes machten die geistige Auseinandersetzung, das genaue Erfassen und Begreifen und Ihre daraus folgenden Erkenntnisse viel Sinn. Diese Quellen stammen eher aus Ihrer linken Gehirnhälfte, dem Logischen, dem Analytischen. Wenn Sie jedoch Zugang zu Ihren tiefsten Herzenswünschen finden wollen, gerade wenn es um innere Bilder Ihrer Herzenswünsche, Träume und Visionen geht, brauchen Sie einen archetypisch *weiblichen* Zugang über die rechte Gehirnhälfte, einen intuitiven, meditativen Zugang zu Ihrem inneren Wissen und Ihrer inneren Stimme. Intuitive Einsichten sind typischerweise auch ganz plötzlich, sie wirken oft wie Aha-Erlebnisse. Intuition ist eine Gabe, die sich entwickelt, wenn Sie ihr Raum geben. Wenn es später um die Entscheidung und die Umsetzung in Handlung geht, brauchen Sie beides: geistige Erkenntnisse und intuitive Einsichten.

Bevor ich Ihnen erläutere, was ich genau unter den Wünschen, Träumen und Visionen verstehe, zu denen Sie über die intuitiven Einsichten gelangen können, will ich Ihnen etwas von der Qualität der Orte und Räume vermitteln, in denen Sie diesen Zugang zu

Ihrem Inneren, Ihrer inneren Weisheit und Ihrer Intuition, zu Ihrem für Sie Stimmigen finden. Es sind *Orte des Seins und des Empfangens,* Orte, in denen Sie zu sich selbst finden und zur Ruhe kommen. Dort finden Sie eine Atmosphäre, die Ihnen Zugang zu Ihrem Unbewussten eröffnet und die Ihnen hilft, ins Weite und Offene zu denken – und vor allem zu fühlen und Ihre innere Stimme zu hören.

Im Moment der *Stille* können Sie anderes empfangen, was Ihnen sonst nicht zugänglich ist. Dort wird dem riesigen Input, dem wir ausgesetzt sind, etwas entgegengesetzt. Sie können Ihrer eigenen inneren Stimme besser lauschen. In diesem Raum kommen Erkenntnisse und Einsichten oft wie von ganz allein. Eine besondere Form, in Stille zu sein und zu einer tiefen inneren Ruhe zu kommen, ist die *Meditation.* Es handelt sich hierbei um eine uralte Tradition, um eine in vielen Religionen und Kulturen ausgeübte Praxis. In östlichen Kulturen gilt sie als eine grundlegende und zentrale bewusstseinserweiternde Übung. Das Wort Meditation leitet sich aus dem lateinischen Wort *medius* ab, was so viel wie *Mitte* und *Zentrum* bedeutet. So kann uns die Meditation wieder zu unserer Mitte führen. Wir alle kennen die positive Bedeutung, wenn jemand *in seiner Mitte* ist.

Aber die Stille- und Ruhemeditation ist auch nur eine Variante von Meditation, daneben gibt es andere Formen und Techniken, z. B. auch Musik- und Bewegungsmeditationen. Klar abzugrenzen sind auch die von außen geführten Meditationen, die eigentlich eine Einladung zu einer inneren Reise zu Ihrem Unterbewusstsein unter einem bestimmten Thema sind, wenn Sie z. B. auf einer CD oder bei Online-Seminaren angeleitet werden. Ich konzentriere mich an dieser Stelle auf die Meditation in Ruhe. Und hängen Sie die Schwelle nicht zu hoch, erst viele Kurse belegt oder Bücher zu diesem Thema gelesen haben zu müssen. Probieren sie es einfach aus – am besten regelmäßig zu einer bestimmten Zeit und an einem bestimmten Ort. *Erfahren* Sie Meditation! Setzen Sie sich einfach mal 10-15 Minuten nieder, abseits vom Getümmel und Lärm des Lebens, schließen Sie Ihre Augen und genießen Sie die tiefe innere Ruhe, die durch Meditation entstehen kann.

Häufig kommen in dem Moment, in dem wir innere Ruhe suchen, viele Gedanken und Bilder. Nehmen Sie sie wahr – fern von einer Verurteilung Ihrer selbst wie z. B. *„Ich kann das nicht"*. Lassen Sie die auftauchenden Gedanken, auch die störenden Gedanken, wie eine Wolke vorüberziehen. Dies führt dazu, dass Sie über längere Zeit einen klaren Himmel erleben und genießen können.

Meditation ist jedoch weit mehr als eine reine Entspannungsübung oder ein Weg zu mehr Gelassenheit. Immer geht es um ein bewusstes Sein und um das Verlassen der gewohnten Ebenen des Wachbewusstseins. Ihr Bewusstsein wird während der Meditation gleichzeitig erweitert, vertieft und erhöht. Sie erschafft einen friedlichen Geist und einen klaren Verstand. Meditation ist ein Weg zu Ihrem Unterbewusstsein und damit einer umfassenden Wahrnehmungsfähigkeit. Meditation öffnet Ihren intuitiven Kanal und kann Ihnen Einsichten schenken, auf die Sie in Ihrem normalen Wachbewusstsein nicht gekommen wären.

Wissenschaftlich konnte nachgewiesen werden, wie Meditation im Gehirn die Zunahme der Alpha-Wellen- und ebenso der Theta-Wellen-Aktivität bewirkt. Wenn Frequenzen sich verschieben, verändert sich auch unser Bewusstseinszustand. Und diese Schwingungen der Alpha-Wellen beziehen die gewöhnlich weniger aktive rechte Gehirnhälfte mit ein, in der die schöpferisch-abstrakten Prozesse ablaufen. Gehen Sie daher auch mit der Absicht in die Meditation, Antwort auf Ihre Fragen und Inspirationen zu Ihren Herzenswünschen, Träumen und Visionen zu finden. Fragen Sie später auch nach der Stimmigkeit bestimmter Träume und Visionen. Vertrauen Sie dem, was kommt.

Lernen Sie, die Antworten Ihrer inneren Stimme wahrzunehmen, ihr zu lauschen. Hören Sie auf die innere Weisheit Ihres Herzens, auf diese von äußeren Einflüssen oft unterdrückte Stimme! Eingebungen und Impulse von innen kommen aus der Seele – dem Sprachrohr Ihres Herzens. Die Seele ist ein Seismograph, der genau spürt, ob etwas stimmig, wahrhaftig, authentisch ist. Es ist wichtig, dass Sie Ihre Wünsche im Herzen *fühlen* und dass sie nicht aus dem Verstand oder Ihrem Ego kommen. Ihr Verstand ist durch Ihre vergangenen Erfahrungen geprägt. Er nimmt einfach das, was Sie kannten, und projiziert es auf das, was Sie für morgen erwarten. Im Verstand stehen Ihnen damit nur Wege offen, die Sie bereits kennen. Und die Wünsche aus dem Verstand und aus dem Ego machen Sie nicht wirklich satt, erfüllen Sie nicht.

Ihren Geist können Sie auch wunderbar in der *Natur* zur Ruhe bringen, denn sie hat keinen Mentalkörper, sie denkt nicht. Dieses Feld macht sie frei und weit für besondere Eingebungen und Einsichten. Beobachten, staunen und lauschen Sie (in) der Natur! Die Pflanzen und Tiere sind immer im Hier und Jetzt sowie in ihrem Sein verankert, sie leben nach ihrem Wesen, so wie sie bestimmt sind. Die Natur vermittelt Ihnen auch eine gute Atmosphäre zur Inspiration für die eigene Originalität auf der Suche nach Ihrem Persönlichen. Vergleiche gibt es in der Natur nicht. Die Sonnenblume will keine Rose sein, die Birke keine Eiche und die Ameise kein Eichhörnchen.

Auch kreative Zeiten, etwa wenn Sie malen, Musik machen, kochen oder gärtnern, bringen das Geschwätz des Verstandes zum Schweigen und öffnen die rechte Gehirnhälfte für das Empfangen besonderer Inspirationen. Oder allgemein Momente der Muße und Entspannung, wie z. B. bei Yoga, Sport und Tanzen können Ihren Geist leeren und ihn öffnen für Ihre Ideen, Wünsche und Visionen. Und vielleicht kennen Sie alle die Momente unter der Dusche, in denen Ihnen die besten Ideen und Einfälle kommen.

Wünsche, Träume und Visionen

Mit diesen Orten und Räumen des Seins und Empfangens sind Sie bestens vorbereitet, nun wirklich Ihre Träume und Visionen zu erspüren und zu fühlen. Denn wie bereits beschrieben geht es gerade hier weniger um einen analytischen, suchenden Zugang, da diese Visionen dann nur aus dem Verstand kommen und gleichzeitig Ihr Ego bedienen würden. So würde ich das Wort *Suche* in diesem Kontext auch gar nicht verwenden. Denn dann kann sich der Verstand lange mit dem Suchen beschäftigen und denkt sich dann eventuell nur etwas aus. *Empfangen* drückt dagegen mehr den Prozess aus, sich innerlich leer zu machen und die innere Stimme wirklich wahrzunehmen und zu empfangen.

Erlauben Sie Ihrer Fantasie, auf Reisen zu gehen, wenn Sie neue *Bilder* für Ihr Leben, Ihre persönlichen Wünsche, Träume und Visionen entwickeln. Lassen Sie Ihre Gedanken, Ihre Gefühle, Ihre Ideen wirklich einmal fließen, ohne sofort zu werten und sie an der Realität überprüfen zu wollen. Wagen Sie zu träumen! Haben Sie den Mut zu entdecken, wer Sie gerne sein und was Sie leben möchten. Finden Sie ganz konkrete, klare neue Bilder!

Fragen Sie sich, auf welche Lebensbereiche Sie Ihre Träume und Visionen ausrichten wollen. Welchen Bereichen in Ihrem Leben wollen Sie (wieder) mehr Raum geben, wo wollen Sie eine neue Qualität von Ihrem Leben entwickeln? Wo wartet etwas bisher zu kurz Gekommenes auf Erfüllung? Im Bereich Ihrer gelebten Beziehungen, Ihrer Partnerschaft, Ihrer Freundschaften, Ihrer Arbeit, Ihrer Finanzen, Ihres Körpers und Ihrer Gesundheit, Ihrer Kreativität und Hobbies etc.? Und wobei empfinden Sie tiefe Freude und Erfüllung – bereits in der Vorstellung? Was bringt Ihr Herz zum Leuchten?

Schreiben Sie Ihre Wünsche, Träume und Visionen wiederum auf. Formulieren Sie positiv, das Neue, nicht das, was Sie nicht mehr möchten: Die liebevolle, wertschätzende Partnerschaft auf Augenhöhe, die helle, freundliche Wohnung umgeben von netter Nachbarschaft, die Übernahme der Leitungsfunktion eines neuen Projektes, das Florieren Ihres neu gegründeten Geschäftes. Sammeln Sie es! Und dann lassen Sie es auch immer wieder liegen, es wird Momente geben, wo Ihnen Neues einfallen wird. Gehen Sie bewusst schwanger mit Ihrer Suche nach Ihren Herzenswünschen, Ihren Träumen und Visionen. Sie werden auch durch besondere Begegnungen im Außen auf Überraschendes und Wichtiges stoßen – Begegnungen mit Menschen, ein Buch, ein Zeitungsartikel, eine Überschrift auf einem Plakat. Diese werden

Sie zusätzlich auf Ideen bringen, werden Ihnen zuträglich sein für Ihre Antworten.

Auch wenn ich *Träume und Visionen* hier in einem Atemzug nenne, so will ich dennoch auf die Unterschiede hinweisen – nach meinem Verständnis. *Wünsche und Träume* sind meist mehr persönlicher Natur. Sie sind sehr konkret zu benennen, sozusagen *messbar* und finden dadurch schneller zur Erfüllung. Dabei spielt es keine Rolle, ob es um den Herzenswunsch nach einem liebevollen Partner, einer zu gründenden Familie, eines Traumautos oder Traumhauses, oder um den Traum vom eigenen Laden oder dem Traumurlaub nach Hawaii geht. Wenn Sie bereits einen konkreten Herzenswunsch oder Traum im Sinn haben, dann lohnt es sich, weiter nachzufragen: Was ist der eigentliche Wunsch und Sinn dahinter? Was ist der Wert, der hinter diesem Traum steht?

Denn sogar identische Träume können von ganz unterschiedlichen Werten gespeist sein, und damit aus ganz unterschiedlichen Motiven heraus Sinn machen. Nehmen Sie das Beispiel vom eigenen Häuschen: Für den einen stolzen Hausbesitzer kann der Traum vom eigenen Haus verbunden sein mit dem Gefühl von Sicherheit und Status, für den anderen kann er für die Freiheit zur eigenen Gestaltung und die Befreiung von Vorschriften des Vermieters oder der Hausgemeinschaft stehen. Wieder ein anderer ist einfach motiviert, seiner Familie diesen Raum plus Garten bieten zu können.

Erfüllender werden Ihre Träume und Wünsche, wenn diese das dahinterliegende Bedürfnis stillen sowie Ihre Werte spiegeln und bedienen. Dann können sie innerlich satt machen. Vielleicht wird Ihnen jetzt deutlich, wie sinnvoll die Reflexion Ihrer Werte war und ist.

Da kommt mir der große Traum einer alten Bekannten in den Sinn, Regina, jetzt Anfang 50, verheiratet, mit zwei erwachsenen Kindern. Ihr Leben lang hat sie davon geträumt, Sängerin zu werden oder mindestens auf der Bühne zu stehen. Stattdessen wurde sie Chemielaborantin. Sie fand diesen Beruf von Anfang an stinklangweilig, sie weiß bis heute nicht, wie sie dorthin gekommen ist. Inzwischen hat ihr ältester Sohn ihren Lebenstraum ein Stück weit umgesetzt. Er ist Schauspieler geworden. Regina freute sich sehr, ihren Sohn auf der Bühne zu sehen. Aber ihre eigene Sehnsucht konnte ihr Sohn nicht stillen und ersetzen. Es ging ja um ihren Traum, auf der Bühne zu stehen, und das am liebsten in Verbindung mit ihrer Liebe und Leidenschaft zur Musik.

Vor vielen Jahren begann sie, regelmäßig Gesangsstunden zu nehmen, parallel dazu sang sie gleich zweimal die Woche in zwei verschiedenen Chören, sie widmete sich auch zu Hause viel der Musik und dem Singen, verbrachte viel Zeit mit dem Üben. Ihre Ausdauer und Disziplin ebenso wie ihre Liebe und Leidenschaft fürs Singen zeigten bald Erfolge. Sie fand Gelegenheit, innerhalb ihrer Chöre gelegentlich als Solistin aufzutreten, befreundete sich mit einer Pianistin, die sie dann bei ihren Auftritten wunderbar auf dem Klavier begleiten konnte – auf kleinen Bühnen, in der Kirche, im Hospiz, auf kleinen Veranstaltungen von runden Geburtstagen. Sie war immer mehr nachgefragt. Und sie genoss es sehr, ihren großen Traum wenigstens in einem etwas kleineren Rahmen auch im mittleren Lebensalter verwirklicht zu haben. Dieses Beispiel von Regina soll Ihnen Mut machen, dass es nicht immer darum geht, den ganz großen Traum umzusetzen, sondern dass auch eine kleinere Variante große Erfüllung schenken kann.

Visionen gehen meistens über persönliche Herzenswünsche hinaus und betreffen selten allein die Person, welche die Vision hat. Sie sind nicht besser oder schlechter als Träume und Herzenswünsche, sie haben nur eine andere Qualität in ihrer Ausrichtung. Eine Vision ist auf etwas Längeres und Größeres ausgerichtet, mit einer Vision malen Sie ein großes Bild der Zukunft. Sie kann ein ganzes Leben lang tragen, auch wenn Sie vielleicht nicht alles umsetzen können, was Sie sich vornehmen. Eine Vision bedeutet auch, sich von einem unsichtbaren Stern ziehen zu lassen. Visionen stärken Sie, sind Leuchtfeuer mindestens für einen bestimmten Abschnitt auf Ihrer Lebensreise. Eine Vision entspricht eher einer Lebenseinstellung, sie motiviert und macht Mut, sich für eine Sache einzusetzen, zu handeln und vielleicht sogar etwas zu riskieren. Oft begeistert eine Vision Menschen und stellt ein gemeinsames Verständnis her. Visionen, die aus dem tiefen Wunsch rühren, der Welt etwas geben zu wollen, haben mehr Kraft und Gewicht und tragen mehr zur persönlichen Erfüllung bei, natürlich auch zur gesellschaftlichen Erfüllung. Wenn eine Vision da ist, die Sie berührt und begeistert, dann sind auch das Feuer und die Kraft da. Visionen sollten mit dem tieferen Sinn in Ihrem Leben zusammenhängen und im Einklang sein, auch diesbezüglich ist es wichtig, ihrem tieferen Sinn nachzuspüren.

Ich denke da zum Beispiel an die Vision eines Unternehmers, der eine ganz neue Unternehmenskultur mit einer sich gegenseitig in völlig neuer Qualität inspirierenden, bereichernden Zusammenarbeit und Verbundenheit unter den Mitarbeitern beabsichtigt. Bei gleichzeitig großen individuellen Freiräumen und optimalen Möglichkeiten und Anregungen für die individuelle Talentförderung und Entwicklung des Einzelnen. Oder an eine Vision von andersartiger gesundheitlicher Aufklärung im Sinne von echter Prävention – wirklicher *Verhinderung* bestimmter Krankheiten statt *Früherkennung,* welche den ferngesteuerten Informationen z. B. durch die Pharmaindustrie etwas entgegensetzen kann. Oder an die Vision einer neuen Qualität von Schule, Lernen und Unterricht, in dem der Leistungsdruck und das Konkurrenzdenken reduziert werden zugunsten der Entfaltung der individuellen Potenziale und höherer Verantwortlichkeit des Einzelnen gegenüber der Gruppe.

Ein anderes Beispiel verdeutlicht die Vision einer besonderen Geschäftsidee: Ein junges Unternehmerteam aus Holland hat (Gesellschafts-)Spiele erfunden und bringt diese in die Welt. In diesen Kartenspielen werden die Menschen aufgefordert, auf spielerische Weise über sich selbst zu sprechen und sich gegenseitig auszutauschen. Diese Firma beschreibt ihre Vision auf ihrer Website wie folgt: *„Unser Ziel ist es, in einer schnelllebigen Welt, zwischenmenschliche Beziehungen durch bedeutende Gespräche und gemeinsame Zeit offline zu fördern … Wir* *wollen Menschen die Möglichkeit geben, wunderbare Momente mit Freunden und Familie zu erleben."* Andere Menschen haben die Vision, mehr Freude, Humor, Kreativität, Würde und Selbstbestimmung in die Altersheime zu bringen.

Und die mutige, gerade einmal 16-jährige Greta Thunberg aus Schweden wird mit Sicherheit von einer großen Vision getragen, wenn sie sich für das Überleben der Menschheit und das Handeln für den Klimaschutz einsetzt. Nach dem Motto *„Wir können nicht für die Zukunft lernen, wenn wir keine haben"* hatte sie den Mut, zunächst den Schulbesuch im August 2018 zu verweigern und wenige Wochen später in einer jeweils vielbeachteten Rede auf dem Weltklimagipfel in Kattowitz Ende 2018 und beim Weltwirtschaftsgipfel in Davos Anfang 2019 ihre Stimme dafür zu erheben.

Inzwischen hat sie weltweit bereits Wellen geschlagen in den Schulen, und es haben sich die Demonstrationen nach dem Motto *„Fridays for Future"* etabliert. Sie ist das Gesicht zu einer neuen globalen Bewegung, in der Jugendliche rund um die Erde für eine bessere Zukunft kämpfen und damit der Tatenlosigkeit von Politik, Industrie und Gesellschaft etwas entgegensetzen wollen. Zunächst ging es um *„Fridays-for-Future",* dann formierten sich die Wissenschaftler, Eltern, Studenten und Ärzte und nennen sich *„Scientists-for-Future", „Parents-for-Future", „Students-for-Future" und „Doctors-for-future".* Die Zeitungen sprechen schon lange von der *„Gretawelle",* die über alle Längen- und Breitengrade schwappt. Greta ist wahrlich ein Beispiel dafür, wie fast alles aus einem kleinen Funken entspringt und von dort aus Großes geschehen kann.

Welche Vision haben Sie – im größeren oder kleineren Rahmen? Eine Quelle zum Entdecken Ihrer Visionen könnten auch besondere Menschen sein, die Sie sehr bewundern. Erforschen Sie diese Menschen – Ihre Vorbilder – in dem, was diese für Sie verkörpern. Dies kann eine höchst spannende Angelegenheit sein. Denn wir bewundern diese Menschen meist für etwas, was wir selbst gerne leben würden. Fragen Sie sich also: Wofür stehen Ihre Vorbilder? Was tun diese Menschen, welche Qualitäten und Werte bringen diese Menschen zum Ausdruck? Wie könnten Sie das, was Sie bei ihnen sehen, in Ihre eigene Vision aufnehmen?

Und wenn Sie jetzt Ihren persönlichen Träumen und Visionen nähergekommen sind, dann fragen Sie sich: Wie passen Ihre Träume und Visionen zu Ihrem Wesen, zu Ihren Gaben und Ihren Potenzialen, Ihren Fähigkeiten und Ihren Ressourcen? Ihre Herzenswünsche, Träume und Visionen können viel leichter in Erfüllung gehen, wenn sie stimmig sind zu Ihren inneren Qualitäten und Möglichkeiten. Davon mehr im nächsten Kapitel.

Werden Sie wesentlich

Bei Ihren Herzenswünschen, Träumen und Visionen, mit denen wir uns im letzten Kapitel beschäftigt haben, geht es doch gerade auch darum, dass Sie Ihr Wesen und Ihre Gaben und Potentiale, Ihre Stärken und Kompetenzen sowie Ihre bereits erworbenen Ressourcen leben und zum Ausdruck bringen können. Deswegen will ich Sie nun mitnehmen auf eine Entdeckungsreise, um diese besonderen inneren Qualitäten zu erkunden. Wenn es Ihnen gelingt, sie nach außen zu tragen, dann können Sie jetzt ein wahrhaft *persönliches* Leben führen. Ihr Inneres – Ihr Wesen, Ihre Gaben und Potenziale – kann sich durch Ihre *Person* (lat.: per = durch, sonare = tönen) zum Ausdruck bringen.

Die ersten Fragen, die Sie sich auf dieser Entdeckungsreise stellen können, lauten: Wer will ich denn *sein* in dieser Welt? Was will aus Ihnen hinaus in die Welt tönen? Welchen Ton, welches Lied wollen Sie singen? Welches Licht in Ihnen will leuchten? Welcher Diamant will in die Welt strahlen? In einem weiteren Schritt kommen dann andere Fragen hinzu: Worin kann sich dies am besten ausdrücken? Passen diese Qualitäten zu Ihren neu entdeckten Träumen und Visionen? Am Ende dieses Kapitels werden wir das alles zusammenführen und fokussieren. Dieser Blick ins Innere ist natürlich nicht wirklich etwas Neues, sondern war bereits Thema bei den alten Griechen. Denken Sie nur an den Spruch in der Eingangshalle des Apollon-Tempels in Delphi: *„Erkenne Dich selbst! – Werde, der Du bist!"*

Kommen wir also zu Ihren inneren Qualitäten im Einzelnen und beginnen wir mit Ihrem Wesen.

Ihr Wesen

Ihr Wesen entspricht Ihrem innersten Kern, Ihrem tiefsten wahren Selbst, dem, was Sie in die Welt mitgebracht haben und was Sie ausmacht: Ihrer wahren Natur. Ihrem Wesen wohnt etwas Unverstelltes inne, etwas Urtümliches, Natürliches und Einzigartiges. Wenn Sie dieses eigene Wesen selbst spüren wollen, ist das gar nicht so einfach. Ganz sicher ist, dass Ihnen Ihr Intellekt die geringste Hilfe sein kann, wenn Sie sich auf die Suche nach Ihrem Wesenskern machen. Er steht Ihrer Erkenntnis mit all dem durch ihn angesammelten Wissen und den festen Vorstellungen vielmehr sehr im Weg. Am ehesten gelingt Ihnen das sicherlich auch an *Orten des Seins und des Empfangens,* wie ich Sie im vorigen Kapitel beschrieben habe, weil es dort auch um das bewusste Sein geht. Dort schaffen Sie innere Räume, z. B. in der Stille und in der Meditation, wo Sie Impulse aus Ihrem tiefsten Inneren empfangen können.

Dagegen fällt es schon leichter, das Wesen anderer Menschen wahrzunehmen. Denn das Wesen strahlt aus. So beschreiben wir die anderen auch gerne in ihren Wesenseigenschaften – als *sanftes, gütiges, herzliches, liebevolles, tiefgründiges, freudvolles* oder *humorvolles Wesen.* Eher selten wird das Wort in negativer Weise verwendet, wenn wir von einem pedantischen oder hinterlistigen Wesen sprechen würden. Ich glaube, das liegt daran, dass das Wesen etwas sehr Reines zum Ausdruck bringt, etwas, was vor den Prägungen durch äußere Einflüsse da war. Erst durch sie wird jemand manchmal zu einem *hartnäckigen* oder *fiesen* Charakter. Bildlich gesprochen können Sie sich das Wesen als das reine *Goldstück* vorstellen, während der Charakter die *geprägte Goldmünze* darstellt. Das Wesen spiegelt unsere einzigartige wahre Natur wider, so, wie wir im Ursprung in unserer Essenz sind. Unser Charakter dagegen definiert unsere Strategie, wie wir aufgrund der diversen Einflussfaktoren versucht haben, das Leben zu bewältigen und uns in unserem *Charakterpanzer* vor den Verletzungen zu schützen gelernt haben. Unser Charakter verhindert oftmals den Ausdruck des wahren Wesens.

Wenn Sie sich ganz in Ihrem Wesen zeigen und dies dann auch durch Ihr Sein und Tun kongruent zum Ausdruck bringen, wirken Sie sehr authentisch. Diese Kongruenz macht Sie und alle authentischen Menschen auch so unglaublich attraktiv, denn sie wirken echt und glaubhaft, ungekünstelt, aufrichtig, offen und entspannt. Authentische Menschen sind im Einklang mit sich selbst, und dieses wesensgemäße Strahlen spürt auch die Umwelt, es berührt uns. Ich persönlich erlebe es ganz besonders bei bestimmten Rednern, die aus ihrem Wesen heraus sprechen, authentisch sich selbst verkörpern. Ich denke da zum Beispiel an Veit Lindau, Rene Borbonus oder Tobias Beck, drei ganz große Redner in der deutschen *Speaker-Szene.*

Ganz besonders Veit Lindau wirkt auf mich überaus authentisch in dem, was er sagt. Er ist nicht nur Redner, sondern auch Autor, Coach und Mitbegründer und Leiter einer stets expandierenden Firma. Authentisch wirkt er vor allem, weil er das lebt, wovon er spricht und schreibt, sowohl privat in seiner Ehe als auch beruflich in seinem Unternehmen. Kombiniert mit seiner charismatischen und charmant-sympathischen Ausstrahlung gewinnt er die Gunst und Achtung seiner Zuhörerschaft sicherlich durch das, was er zu sagen hat, und wie er es lebendig rüberbringt. Gleichzeitig zeigt er sich aber auch von seiner menschlichen Seite, wenn er von seinen eigenen, auch schwierigen Erfahrungen, eben sehr authentisch von sich selbst spricht. Das macht ihn auch sehr nahbar und vertrauenswürdig.

Sie kennen es bestimmt auch von Musikern, die sich auch meist in ihrem Wesen zeigen, wenn sie sich durch ihre Musik zum Ausdruck bringen. Dann kann Sie Musik wahrhaftig tief berühren. Ihrem eigenen Wesen treu zu sein, kann sich also für Sie selbst und auch für Ihre Umwelt lohnen. Wenn Sie Zugang zu Ihrem wahren Wesen finden wollen, dann fragen Sie sich: In welchen Situationen und in welchen Rollen haben Sie das Gefühl, Ihr Wesen so zum Ausdruck bringen zu können, dass Sie sich rundherum wohl fühlen? Oder anders ausgedrückt: Wann – in welchen Rollen oder in welchen Situationen – fühlen Sie sich authentisch? Oder auch: Wann haben Ihnen bereits andere gespiegelt, dass sie Sie als sehr authentisch wahrgenommen haben?

Wesenstreu werden Sie in bestimmten Rollen dann, wenn Sie gar keine Rolle mehr spielen, sondern in diese Rolle geradezu *hineinschmelzen.* Wenn Menschen uns dagegen *„Das bist nicht DU!"* spiegeln, dann ist genau diese Diskrepanz gemeint: zwischen unserem Wesen und dem, was wir gerade tun, oder wie wir uns zeigen. Sie können die Qualität des Wesens aber auch noch in der Welt des Theaters oder des Films besonders deutlich erkennen. Dort geht es um bestimmte Rollen: der König, die Königin, der Dieb, die Magd, der Teufel, die Fee. Das Wesen entspricht dann der spezifischen Qualität, wie die Schauspieler diese Rolle ausfüllen. Fünf verschiedene Menschen werden die Rolle der Königin völlig verschieden ausfüllen – ihrem Wesen gemäß. Gleichzeitig sind bestimmte Rollen einem Wesen natürlich gemäßer als andere Rollen. Einem sanften Wesen wird es leichter fallen, die gute Fee im Märchen zu spielen als die Hexe – auch wenn es selbstverständlich die Kunst von echten Schauspielern ist, alle Rollen authentisch wahrnehmbar spielen zu können.

In Ihrem eigenen Lebensschauspiel sollten Sie im Hinblick auf Ihr Wesen schauen, welche Rollen Ihnen auf den Leib geschneidert sind, in welchen Situationen Sie sich ganz selbstverständlich und wahrhaftig, Ihrem persönlichen Selbst verbunden und rundum wohl fühlen. Welche Situationen und Rollen lieben Sie? Dann nämlich sind Sie Ihrem Wesen ganz nah. Ist es die Situation als Gastgeber, wenn Sie für Ihre Gäste da sind? Oder wenn Sie bestimmte Veranstaltungen organisieren können? Ist es in der Rolle als Mutter oder Vater, wenn Sie liebevoll mit ihren Kindern umgehen? Wenn Sie am Auto basteln oder in aller Ruhe am Schreibtisch ein Konzept ausarbeiten können? Wo und wie können Sie Ihr eigenes Wesen im Leben manifestieren, sich damit zeigen, worin kann sich Ihr Wesen am besten ausdrücken?

Schätze in Ihrem Inneren – Ihre Gaben und Potenziale

Ihre *Gaben* und Ihr *Potenzial* sind der Schatz, der in Ihnen verborgen liegt. Sie machen Ihre Einzigartigkeit aus, kennzeichnen Ihr Wesen. Gaben wie z. B. Musikalität, Bewegungsgeschick, mathematische und sprachliche Begabung, kreative und künstlerische Begabung oder Feinsinnigkeit kennzeichnen im Gegensatz zu den erworbenen Fähigkeiten unsere primären und inneren Fähigkeiten. Ihre Gaben sind ein Geschenk, das Sie erhalten haben. Dabei spielt es für mich keine Rolle, von wem Sie das Geschenk erhalten zu haben glauben: von Gott, von Ihren Eltern, vom Leben selbst? Sie haben sie in jedem Fall bekommen, Sie schenken sie weiter, Sie geben sie weiter – denn in dem Wort *Gabe* steckt bereits das Verb *geben*. Sie geben Ihre Gaben mühelos und leicht weiter, mit Freude.

Jemand, der mit seiner freudvollen Leichtigkeit in seiner ganzen Ausstrahlung die Herzen der Menschen berührt, strengt sich nicht dafür an. Ebenso Menschen, denen das technische Verständnis nur so zugefallen ist – und denen sämtliche technische Herausforderungen ein Leichtes sind. Wenn Sie dann so ganz in ihrem Element sind und völlig selbstverständlich Ihre Gaben leben, dann haben Sie das Gefühl *„Mich will etwas tun"*, nicht *„Ich will etwas tun."*

Ihre Gaben und ebenso Ihr Potenzial waren bei Ihrer Geburt bereits vollständig in Ihnen angelegt und enthalten. Und Ihr Potenzial strebt danach, sich zu entfalten und zu entwickeln. Potenzialentfaltung hat daher so gar nichts mit dem permanenten Stress einer *Selbstoptimierung und Selbstverbesserung* zu tun. *Ent-wickeln* bedeutet hier, etwas *auszuwickeln,* um zu dem zu kommen, was wir als Seele wirklich sind. Potenzialentfaltung bedeutet dann auch, das Mögliche und Ihre eigene Kraft zu verwirklichen. Sie dient auch der Entfaltung Ihres eigenen Wesens. Bei dieser Entfaltung geht es um einen natürlichen Entwicklungsprozess. Die Raupe entwickelt sich bereits in ihrer Bestimmung zum Schmetterling. Damit ihr die Flügel wachsen können, muss sie allerdings die vertraute Gestalt aufgeben. Und in jeder Eichel steckt das Potenzial zu einer vollständigen Eiche, sie muss dazu allerdings ihre schützende Hülle loswerden.

Als Mensch könnten auch Sie erkennen, dass alles, was Sie brauchen, bereits in Ihnen vorhanden ist, dass Sie also bereits vollständig sind. Dann geht es darum, immer mehr so zu werden, wie Sie wirklich sind, und sich selbst und Ihr Wesen auch sichtbar zu machen. Sie können sich dann darum kümmern, die richtigen inneren Bedingungen zu schaffen – mental und emotional. Dann erhält Ihr Samen die richtigen Nährstoffe, um zu gedeihen, zu wachsen und zu erblühen. Wenn Sie Ihre Gaben leben und Ihr Potenzial entfalten, bereichern Sie immer auch sich selbst. Besonders glücklich macht es Sie aber auch, wenn Sie Ihre Gaben mit anderen teilen, wenn Sie mit Ihren Gaben gleich noch anderen dienen, wenn Sie Ihre Gaben der Welt schenken. Zudem laden Sie damit auch die anderen dazu ein, ihre eigenen Gaben genauso zu leben. Und wie reich wäre die Welt, wenn jeder seine Gaben tatsächlich mit Freude verschenken würde!

Für mich verbindet sich mit unseren Gaben auch eine besondere *Auf-Gabe,* diese Gaben zum Ausdruck zu bringen. Damit meine ich eine persönliche Verantwortung gegenüber der Gemeinschaft, den persönlichen Beitrag für das große Ganze. Ich bin jedenfalls sehr dankbar, wenn viele Menschen sich mit ihren Gaben zeigen und sie leben, jenseits von Jobs, die sie für den Broterwerb machen. Ich freue mich über den Koch, der wirklich noch seine ganze Liebe in den köstlichen Speisen zum Ausdruck bringt, den Automechaniker, der sein großes technisches Verständnis in Kombination mit seiner Verantwortlichkeit und Gewissenhaftigkeit hineingibt, wenn er mein Auto repariert. Und ich profitiere von der technischen Handwerkskunst meines Zahnarztes …

Oder ich war entzückt, tief berührt und fühlte mich wahrhaftig sehr beschenkt bei einer Musicalaufführung von *„Jesus Christ Superstar"* in der Bonner Oper vor einigen Jahren. Dort hatte ich das Glück, der Stimme von *Maria Magdalena,* genauer gesagt von Patricia Meeden, der Sängerin und Schauspielerin in dieser Rolle, lauschen zu dürfen. Sie hat sich dem Publikum wirklich verschenkt: in ihrer Stimme, die aus tiefstem Herzen kam und nicht nur technisch perfekt war, in ihrer Schönheit und Grazie, einfach in allem. Und das Wesen dieser Schauspielerin war absolut kongruent mit ihrer Rolle, die sie verkörperte. Das war so unglaublich faszinierend und anziehend für das Publikum.

Aus meinem eigenen Leben kenne ich auch ein Verantwortungsgefühl für meine Gaben. In meiner Arbeit erlebe ich inzwischen an mir oft eine besondere feinfühlige Gabe: Menschen in der Essenz ihres Anliegens intuitiv schnell und zutreffend zu erfassen, die *Fehler im System* zu finden, sie benennen zu können, sowie neue Wege und Ansatzpunkte zur Veränderung zu finden und auch mit meinen Klienten umzusetzen. So wird es mir auch von ihnen gespiegelt. Es ist mir eine besondere Freude zuzuschauen, wie Menschen wieder zu ihrer Kraft und ihrem persönlichen Potenzial finden und/oder mehr davon umsetzen können.

Aber so geradlinig lief und läuft das bei mir auch nicht immer. Vor einiger Zeit war ich mal einfach müde von meiner Tätigkeit, die oft viel Tiefgang und manchmal auch schwere Themen beinhaltet. So dachte ich mir, ein Café zu eröffnen wäre die bessere Alternative, es wäre viel leichter, Cappuccino zu kochen und im Service zu arbeiten – es könnte mir auch viel Freude machen. Aber ich entdeckte zweierlei: Erstens träfe dies nur für kurze Zeit zu. Und zweitens spürte ich dann auch eine Verantwortung, meiner oben genannten Aufgabe gerecht werden zu wollen. Ich konnte dies sehen als meine Gabe, aber auch als meine *Auf-Gabe,* immer wieder in dieser Qualität für Menschen da zu sein. Und in der Zwischenzeit – vor allem mit dieser veränderten Haltung in mir – erlebe ich auch wieder viel Freude in meiner Arbeit.

Kennen Sie bereits Ihre Gaben oder auch Aufgaben? Sammeln Sie nun Ihre persönlichen Gaben und Potenziale, schreiben Sie auf, welche inneren Fähigkeiten Sie geschenkt und mitbekommen haben. Fragen Sie sich:

- Welche Gaben habe ich in mir?
- Was macht mir auf natürlichste Weise Freude?
- Was fällt mir leicht?
- Was habe ich als Kind schon geliebt?
- Welche Gaben will ich der Welt schenken?

Lassen Sie es aus Ihrem Inneren hinausfließen, direkt aufs Papier. Und erlauben Sie sich, über sich selbst zu staunen!

Ihre Stärken, Kompetenzen und Ressourcen

Im Laufe Ihres Lebens haben Sie schon sehr viele Gaben und Talente ausgebaut und zu wirklichen *Kompetenzen* entwickelt. Erforschen Sie jetzt diese vor allem durch Erfahrung und Entwicklung erworbenen Fähigkeiten und Stärken!

Zum Entdecken lohnt sich auch ein Blick zurück auf Ihre Vergangenheit, auf Situationen im Leben, wo Ihnen Gutes gelungen ist. Worauf sind Sie so stolz, dass Sie dies gerne wiederholen würden? Wo ist Ihnen bereits etwas so gelungen, dass Sie Lust haben, dort weiterzumachen? Schauen Sie auf das, was Sie können, was Sie schon gemacht haben, was Sie gerne machen und was Ihnen leichtfällt. Haben Sie ein ausgeprägtes Organisationstalent, welches Sie schon allzu oft unter Beweis gestellt haben? Oder sind Sie der geborene Heimwerker? Oder ein wunderbarer Geschichtenerzähler, können Sie mit Ihren Witzen ganze Gruppen unterhalten? Oder ist es für Sie ein Leichtes, Menschen immer wieder miteinander zu verbinden?

Setzen Sie sich ganz gezielt hin und fragen Sie sich: Was können Sie richtig gut? Was fällt Ihnen leicht? Was gelingt Ihnen? Und schreiben Sie Ihre Stärken, Fähigkeiten und Kompetenzen auf! Sammeln

Sie sie über Tage oder Wochen hinweg. Ihnen wird immer wieder etwas einfallen. Welche Überraschungen können Sie in Ihrer Sammlung entdecken? Oft nehmen wir bestimmte Kompetenzen gar nicht mehr bewusst wahr, zum Beispiel:

- das Händchen für die Deko und Inneneinrichtung, welche Gemütlichkeit und Atmosphäre ausstrahlen
- die Kompetenz, wirklich zuhören zu können
- die Bereitschaft, sich immer wieder auf Neues einzulassen
- die Fähigkeit weiter zu machen, auch wenn Sie mal *hingefallen* sind
- die Fähigkeit, als Mitglied eines Teams gute Arbeit zu leisten oder
- die Führungskompetenz, andere Menschen anzuleiten und fair zu behandeln.

Oder wenn ich an die Ressourcen denke, die sich insbesondere viele Frauen in ihrer Familienzeit erworben haben, so z. B. ihre Organisations- und Managementfähigkeiten, dann sind das Erfah-rungen und erworbene Kompetenzen, die auch in ganz anderen Zusammenhängen wertvoll sind und zum Einsatz kommen können.

Ergänzen Sie Ihre eigene Wahrnehmung durch die von Freunden, Verwandten, guten Bekannten. Fragen Sie die Ihnen nahestehenden und wohlgesonnenen Menschen nach Ihren besonderen Fähigkeiten und Qualitäten, nach den Qualitäten Ihrer absoluten Stärken. Bitten Sie um ehrliche Antworten. Hören Sie sich die Rückmeldungen entspannt an und gehen Sie in Austausch mit Ihren Lieben! Durch das Bewusstmachen und Fühlen Ihrer Stärken und Ressourcen werden Sie Ihr Gefühl von Selbstwirksamkeit erhöhen. Sie stärken das innere Bild von sich selbst als Person, die weiß, was sie will, die eine Vorstellung von dem hat, wer sie ist und wer sie sein möchte. Sie werden sich bereits in Gedanken viel besser fühlen, wenn Sie an Ihre Visionen denken. Sie sind besser ausgerüstet für Ihren neuen Weg.

Psychologische Zugangswege und Hilfen zu Ihren Potenzialen

Wie gesagt – es kann sich sehr lohnen, auch andere nach deren Wahrnehmung Ihrer Person – Ihres Wesens, Ihrer Gaben, Potenziale, Stärken und Ressourcen – zu befragen. Manchmal kann es jedoch vorkommen, dass Sie an Grenzen stoßen, wenn Sie sich auf Ihre eigene Wahrnehmung und diejenigen Ihrer nahestehenden Personen beschränken. Dann empfehle ich Ihnen, sich zusätzlich für wenige Stunden an eine neutrale und professionelle Person zu wenden, z. B. an einen Coach oder einen Psychologen.

Klassischerweise bezieht sich ein Coaching auf berufliche Themen, während Psychotherapie und psychologische Beratung alle Lebensbereiche beinhalten. Die Abgrenzung macht jedoch in der Praxis oft nicht wirklich Sinn, da vieles miteinander zusammenhängt. Sinnvoll können diese Kontakte in zweierlei Hinsicht sein:

- Sie können Ihnen dazu verhelfen, zu Ihren Gaben, Potenzialen und Stärken überhaupt erst vorzudringen, sprich sie entdecken und wahrnehmen zu können. Denn manchmal sind das Selbstgefühl, das Gefühl für sich selbst, und die Eigenwahrnehmung Ihres Potenzials wie blockiert und stehen zudem oft dem bisherigen Selbstbild diametral entgegen.

- Darüber hinaus kann diese professionelle Person Ihnen behilflich sein, dasjenige zu entdecken und aufzulösen, was bisher die Entfaltung des eigenen Potenzials verhindert hat und/oder aktuell verhindert.

Wie schon im Kapitel *„Ist das IHR Leben?"* beschrieben sind ganz besonders bestimmte Einstellungen, Haltungen und Glaubenssätze wahre Bremsklötze für die eigene Potenzialentfaltung. Da diese vor allem in der Begegnung mit anderen Menschen entstanden sind – die beschränkenden Einstellungen meist durch unangenehme Erfahrungen – können sie auch besonders gut in einer neuen Begegnung und einer positiven Erfahrung verändert werden. In diesem professionellen Setting haben Sie die Möglichkeit, Ihre Einstellungen und Haltungen so zu verändern, dass Sie wieder mehr und anderes wahrnehmen und sich vor allem in der Folge auch anders verhalten können.

In diesem Zusammenhang kann ich Ihnen ganz besonders ein *potenzialorientiertes Coaching* empfehlen. Der Coach verfolgt das Ziel, das Potenzial wieder freizulegen, die Verhinderungen auf diesem Weg aufzuspüren und aufzulösen, so dass der Coachee wieder seine individuellen Kompetenzen und Möglichkeiten wahrnehmen und nutzen kann. Natürlich können auch zum Beispiel *systemische* Ansätze und Zugänge sehr hilfreich sein. Systemische Ansätze zeichnen sich dadurch aus, dass die Person ebenso wie bestimmte Symptome und Probleme in ihrem sozialen Kontext gesehen werden, d. h. in einem Beziehungssystem, wie z. B. der Familie oder dem Arbeitsplatz. Dieses System wird dann auch als Ansatzpunkt für Veränderungen betrachtet. Denn oft liegen Verhinderungen für die eigenen Möglichkeiten der Person im System begründet, z. B. in Form diverser Verstrickungen, wie ich sie im Kapitel *„Verborgene Fäden im Hintergrund"* ausführlich beschrieben habe. Überprüfen Sie für sich selbst, ob Sie sich ein paar Coaching-Stunden im Prozess einer persönlichen Umorientierung gönnen wollen und können. Verstehen Sie es als eine ergänzende Option.

Spirituelle Quellen zu Ihren inneren Qualitäten

Es gibt noch andere Quellen aus dem Bereich der Spiritualität, die Sie auch *befragen* können. Deren Aussagen geben Ihnen Hinweise und Orientierung auf dem Weg, Ihre einzigartigen inneren Qualitäten zu erkennen und zum Ausdruck zu bringen.

Innerhalb der hoch komplexen Lehre der *Astrologie* und dort in Ihrem persönlichen *Horoskop* finden Sie eine besondere Form der *Landkarte Ihrer Seele.* An dieser Stelle will ich mich auf die westliche Astrologie beschränken, darüber hinaus gibt es aber auch die vedische oder chinesische Astrologie. Wenn ich von Astrologie und Ihrem Horoskop spreche, dann meine ich damit keineswegs die in den Medien verbreitete populäre Astrologie incl. den astrologischen Rubriken mit den Tages- und Wochenhoroskopen. Auch nicht den alltäglichen Austausch über Ihr Sternzeichen oder das Ihrer Mitmenschen *(„Du bist Löwe", „Ich bin Zwilling")* und Ihre vereinfachten Rückschlüsse zur gesamten Person.

Das *Geburtshoroskop* – professionell ausgearbeitet und kreisförmig graphisch dargestellt – beschreibt den prägenden Ausgangspunkt, in dem Sie in dieses Leben zum Zeitpunkt Ihrer Geburt und an Ihrem Geburtsort getreten sind. Es zeigt Ihnen dadurch den sehr einzigartigen Weg der Seele durch dieses Leben. Wie ein Lehrplan kann Ihnen das Horoskop Ihr Wesen, Ihre Potenziale und Möglichkeiten, aber auch Ihre Herausforderungen auf Ihrem Lebensweg anzeigen. Das Wissen um Ihr eigenes Geburtshoroskop können Sie dazu nutzen, um mehr über Ihr eigenes Innenleben – wie Sie fühlen und wie Sie die Welt wahrnehmen – und über Ihre Fähigkeiten, Stärken und Schwächen sowie Ihre Aufgaben und Ihre Bestimmung zu erfahren. Wenn Sie Ihr Horoskop professionell deuten lassen wollen, so empfehle ich Ihnen selbstverständlich entsprechend ausgebildete Astrologen. Und nicht die Deutungen in den oben genannten Medien und Zeitschriften, bei denen Sie unter Ihrem *Sternzeichen* nachsehen, was das neue Jahr für Sie jeweils bereithält.

Unser Horoskop kann damit zu einer möglichen Quelle werden, uns selbst besser zu verstehen, das Persönliche, das Eigene darin zu entdecken und dann diesem besonderen *Seelenplan* gerecht zu werden, wenn das Leben glücklich und erfüllt werden soll. Sie können in Ihrem Horoskop beispielsweise auch sehen, welche Bedingungen Ihrer Berufstätigkeit passend für Sie sind, wie viel Gewicht Sie dem Lebensbereich Partnerschaft und Familie widmen wollen, und in welcher Qualität es für Sie stimmig ist, wie viel Freiraum und Zeit Sie für sich selbst brauchen und vieles mehr. Es ist ein Weg der Orientierung, Näheres über sich selbst zu erfahren und zu erkennen. Schöpferisch gestalten dürfen und müssen Sie *Ihr* Leben dann aber schon selbst!

Abschließend will ich noch die *Numerologie* erwähnen. Sie umfasst die Kunst, Zahlen energetisch zu erfassen und zu nutzen. Bei ihr geht es um die (Be-)Deutung und Symbolik der persönlichen Lebenszahlen, wie sie sich aus den Geburtsdaten ergeben. Auch diese geben Hinweise zur persönlichen Lebensaufgabe und zur persönlichen Bestimmung, und damit zu Ihrem Lebensweg. Ganz besonders die persönliche Lebenszahl, die sich aus der Quersumme Ihrer Geburtsdaten errechnet. Auch sie gibt – ähnlich wie das Horoskop – Aufschluss über das ganz persönliche Wesen eines jeden Menschen.

Ein Beispiel: Geburtsdatum: 06.07.1981: Addieren Sie alle Ziffern einzeln und Sie erhalten die Quersumme. Ist diese zweistellig, so ziehen Sie nochmals eine Quersumme, ist diese wieder zweistellig, dann nochmals, bis eine einstellige Zahl übrigbleibt. Die Zahlen 11, 22, 33 und 44 sind davon ausgenommen, sie bleiben zweistellig stehen, denn diese sind sog. *Meisterzahlen* und haben eine besondere Bedeutung.

In meinem Beispiel ergibt sich folgende Rechnung: 6.7.1981 = 6+7+1+9+8+1 = 32 =5. Diese Person hat also als Lebenszahl die „5“ mit entsprechender Bedeutung. Das große Thema der Zahl 5 ist die *Freiheit.* Sie ist für den *5er-Menschen* so essenziell wie die Luft zum Atmen. Und oft geht es für ihn auch um viele Arten von *Befreiung.* Auf der Suche nach Freiheit und Unabhängigkeit wirkt er manchmal rastlos. *1er-Menschen* sind oft sehr kreative Menschen und benötigen auch viel Rückzugsmöglichkeiten und Raum für sich. *8er-Menschen* haben das Thema *Stärke und Macht,* manchmal auch Manipulation in verschiedenster Weise für sich zu lösen, während die *3er-Menschen Kommunikation* als Überschrift für ihr Leben haben.

Ich kann Ihnen an dieser Stelle nur eine kleine Idee von dieser Form der Deutung Ihrer Lebenszahlen geben, bei tieferem Interesse finden Sie auch weiterführende Literatur zu diesem Thema. Verstehen Sie meine Ausführungen zu diesen außergewöhnlichen *Quellen* einfach als zusätzliche Anregung für Ihr persönliches Leben, wenn Sie aufgeschlossen sind für diese Zugänge der Entschlüsselung.

Die Synthese

Aus den Erkenntnissen dieser tiefen Innenschau Ihres Wesens, aber auch Ihrer Gaben, Potenziale und Ressourcen geht es jetzt darum, diese Erkenntnisse und Einsichten mit denen aus dem letzten Kapitel, also Ihren Werten und Ihren entdeckten Träumen und Visionen zusammenzuführen. Dafür können Sie sich folgende Fragen stellen:

- Passen meine inneren Qualitäten, wie ich sie für mich in diesem Kapitel entdeckt habe, mit meinen Herzenswünschen, Träumen und Visionen zusammen?

- Kann ich mein Wesen und mein Potenzial durch diese zum Ausdruck bringen?

- Welche Gaben, Fähigkeiten, Stärken und Ressourcen können zum Einsatz kommen?

- Welche Rollen und Formen konnte ich finden für meinen schöpferischen Ausdruck, in denen ich auch meine Werte, mein Wesen und meine Stärken leben kann sowie mich darin auch wertgeschätzt fühle?

- Was kann ich mit meinem Traum oder meiner Vision bewirken – für mich und für andere? Kann ich mit dieser Wahl einen positiven Unterschied in der Welt bewirken?

- Wer will ich *sein* in dem, wie ich mich neu ausrichte?

- Während ich diese inneren Qualitäten erkundet habe: Konnte ich Neuentdeckungen machen, die mich zu ganz neuen Visionen führen? Und wenn ja, welche sind es?

- Wo und wie könnte ich ihnen Raum geben, jetzt in dieser Lebensphase?

Und wenn Ihnen bestimmten Qualitäten und Ressourcen für Ihre Träume und Visionen fehlen sollten, dann bedeutet das keineswegs, dass Sie die Vision gleich verwerfen sollten. Stellen Sie sich dann folgende Fragen:

- Könnte ich diese Fähigkeiten oder ein bestimmtes Wissen noch neu erwerben?

- Welche Menschen könnten mir genau diese Fähigkeiten zur Verfügung stellen, mich darin unterstützen in einem bestimmten Projekt?

- Oder welche Menschen könnte ich für eine Zusammenarbeit gewinnen?

- Um welche Ressource muss ich mich noch kümmern, was darf ich noch entwickeln?

Ihre persönliche Synthese sollte nun sowohl Ihre inneren Qualitäten als auch Ihre Herzenswünsche und Visionen zum Ausdruck bringen. Wo, wie und worin könnte Ihnen das gelingen? Bei welcher

Vision – abgestimmt auf Ihr Inneres – beginnt Ihr Wesen und Ihr Herz zu leuchten?

Lassen Sie mich noch kurz von Sabine und Michael erzählen, ihrem Traum und ihrer Vision, und wie sie vieles von ihren Wünschen und ihren inneren Qualitäten zusammenbrachten: Sabine, 60 J., lebt in zweiter Ehe mit ihrem Mann Michael, 55 J., zusammen. Sie ist Chefsekretärin, er ist Handwerker, ein Schreinermeister. Sie war und ist schon immer Rheinländerin, er kommt ursprünglich von der Ostsee. Sabine war immer dankbar für ihren sicheren Job gewesen, ganz besonders in ihren vielen Jahren als Alleinerziehende, in der sie ihre Kinder großzog. Inzwischen sind diese erwachsen und versorgt. Michael ist kinderlos.

Sabines großer Traum war es schon seit vielen Jahren, eine Pension an der Ostsee zu besitzen und zu führen. Sie weiß sehr wohl um ihre Gaben von Organisationstalent und Führungskompetenz, um ihr freundliches, gewinnendes Wesen, ihre Fähigkeiten von Disziplin und Ausdauer, die dieses Projekt erfordern würde. Sie malt sich mit großer Freude ihre lang ersehnte Unabhängigkeit und Freiheit aus, auch in der Gestaltung eines besonderen Charmes und der Ausstrahlung ihrer Pension. Sie liebt das Meer und die Natur in dieser Region. Michael ist eine perfekte Ergänzung zu ihr. Auch für ihn ist die Ostsee ein Traum, er liebt die Region von Kindesbeinen an. Und als Handwerker, der bei weitem nicht nur Möbel und Fenster bauen kann, könnte er sich sowohl bei der Renovierung und Gestaltung als auch immer wieder später super mit einbringen.

Dieser Liebe würde es noch mal neuen Schwung verleihen, auch wenn die beiden beschlossen haben, die Umsetzung ihres Traumes noch um einige Jahre zu verschieben. Denn Sabine ist auch ein sicherheitsdenkender Mensch, sie will noch ihre (Früh-)Pensionierung abwarten. Aber schon jetzt halten sie die Augen immer weit geöffnet, wenn sie ihren Urlaub in dieser Region verbringen. Vielleicht läuft ihnen schon bald etwas über den Weg …

Und *Sie?* Jetzt geht's um Ihren neuen Fokus in Ihrem Leben, um Ihre attraktive Vision oder Ihren Traum, der zum Leben erweckt werden will. Wählen Sie – *jetzt!* Damit verbindet sich eine klare Entscheidung für das, was Ihnen wesentlich erscheint und worin Sie erfolgreich sein wollen, und noch einiges mehr … Darum wird es im folgenden Kapitel gehen.

Die Kraft der klaren Entscheidung

Sie sind bis hierhin bereits sehr weit gekommen und haben viel gedankliche und gefühlte Vorarbeit geleistet. Und nun wird's noch spannender! Denn Sie stehen davor, die Schwelle von Ihren persönlichen Wünschen und Träumen – in der Vorstellung – jetzt zu überschreiten. Es geht jetzt um *Ihre Entscheidung* hin zum Neuen – für die eine neue Vision, den einen neuen Traum, das eine neue Projekt, welches Sie wirklich zum Leben erwecken und etablieren wollen.

Es ist in diesem Zusammenhang hilfreich, wenn Sie sich das Wort *Entscheidung* genauer anschauen. Eine Entscheidung *für* heißt auch automatisch *gegen* etwas anderes. Sie schneidet Sie von anderen Möglichkeiten ab, sei es ein anderer Partner, ein anderes Projekt, einen anderen Arbeitsplatz etc. Wenn Sie eine Entscheidung treffen, so fokussiert Sie dies auf die eine konkrete Sache. Sie konzentrieren sich dann auf diese gewählte Vision, und sie geben ihr damit reichlich Energie. Auch wenn es paradox klingen mag: Durch das Aufgeben von vielen Optionen werden Sie frei, frei für diese neue Vision. Aus dieser Freiheit heraus können Sie Verantwortung übernehmen, das Neue anzugehen. Freuen Sie sich also auf diese gerade neu zu gewinnende *Freiheit!*

Möglicherweise denken Sie wie viele Menschen, es bedeute Freiheit, wenn Sie die unendlichen Wahlmöglichkeiten aufrechterhalten können, egal in welchem Bereich. Doch solch eine fälschlich verstandene Freiheit erschafft auch eine Beliebigkeit, die vielen Optionen lassen Sie im luftleeren Raum verbleiben. Sie glauben, Sie hätten die Freiheit, aber in Wahrheit ist sie eine Illusion. Eine klare Entscheidung dagegen befreit Sie aus dieser Beliebigkeit und lässt Sie sich wirklich der einen Option nähern, die Sie gewählt haben, was auch immer es ist.

Das Gleiche gilt auch, wenn Sie zu lange zwischen zwei Mög-lichkeiten hin- und herschwanken und Sie sich nicht eindeutig entscheiden. Dann blockieren Sie sich, und Sie lassen die Zweifel Ihr Leben bestimmen. Das raubt Ihnen immense Kraft, da die Energien der beiden Wahlmöglichkeiten an Ihnen ziehen und zerren. Je länger Sie eine Entscheidung hinauszögern, desto mehr Kraft werden Sie verlieren, da Sie sich selbst den Treibstoff entziehen! Wenn Sie dagegen den Mut haben, wirklich jetzt *Ihre* Entscheidung zu treffen für diesen einen Traum, dann setzt dies ungeahnte Kräfte frei, sendet viel Kraft aus, ganz besonders, wenn der Traum Ihr Herz berührt. Entscheidungen sind nicht nur gedankliche Festlegungen, sie sind vor allem auch *energetische Richtungsangaben*. Sie senden dann Ihre Energie und Aufmerksamkeit gebündelt in eine Richtung und geben somit den Dingen die Möglichkeit, sich zu entwickeln.

Und noch ein wichtiger Hinweis: Ihre Entscheidung für diese eine Sache bedeutet keineswegs, dass Sie bereits den ganzen Weg zur Erfüllung Ihrer Vision kennen müssen. Wege entstehen, indem Sie sie gehen. Und manches an Weggabelungen und Qualitäten Ihres neuen Weges können Sie noch gar nicht kennen, wenn Sie am Anfang stehen. Belasten Sie sich daher nicht mit den Fragen der Details, wie Sie genau den Weg Ihrer neuen Vision gehen können. Im Moment geht es ausschließlich darum, durch Ihre Entscheidung sich klar auszurichten auf Ihren neuen Weg.

Ihre Absicht und Ihr Anliegen

Hinter meinem Buch, das Sie gerade in den Händen halten, steckte etwas, was im ersten Moment ganz selbstverständlich klingt, aber ein ganz entscheidender Faktor bei der Realisierung von Träumen und Visionen ist: Ich hatte wirklich die *Absicht,* dieses Buch schreiben zu wollen. Hätte ich mir gewünscht, es mal irgendwann vielleicht zu tun, oder gar erhofft, so hätte es möglicherweise noch viele Jahre auf sich warten lassen oder wäre als Fantasieprojekt in der Schublade versunken.

Und diese Bedeutung der Absicht können Sie auch auf viele andere Projekte beziehen, den Verein, den Sie gründen wollen, die Vision, Ihrer Liebesbeziehung zu einer neuen Qualität zu verhelfen, Ihre Gesundheit und Fitness zu verändern und zu verbessern, die Selbständigkeit, die Sie nun endlich wagen wollen, und vieles mehr. Diana Cooper, eine spirituelle Lebensratgeberin und erfolgreiche Autorin aus England, erklärt die machtvolle Wirkung der Absicht mit dem Bild eines Bogenschützen, der die Bogensehne zurückzieht, den Bogen gespannt hält, während er die Energie sammelt und sein Ziel anvisiert, bevor er den Pfeil loslässt:

„Die Absicht signalisiert uns die Richtigkeit eines Projektes oder einer Idee … Eine Absicht ist wie ein abgeschossener Pfeil. Nichts kann ihn mehr ablenken."

Wenn Sie Ihr Wollen, Wünschen und Hoffen also durch eine *klare Absicht* energetisch bündeln, dann fokussiert Sie das. Dann zeigen Sie sich und der Welt, dass Sie bereit sind, sich wirklich voll einzulassen – auf Ihre Wahl, Ihren neuen Weg, Ihre neue Vision. Es lohnt sich sehr für Sie, diese *Macht der klaren Absicht* zu nutzen. Denn diese Absicht setzt in Ihnen die Kraft frei, die Dinge wirklich geschehen lässt.

So wie bei Isabella, die vor einiger Zeit den Weg in meine Praxis fand. Eine kraftvolle, dynamische Frau – mit neuen großen Wünschen und Ideen im Gepäck. Sie war gerade 49 Jahre jung, und ihre persönliche Lebenssituation stand bereits im Zeichen des Umbruchs und der Umorientierung. Ihre drei Kinder waren fast erwachsen, und die letzten fünf Jahre war sie zurück an ihren alten Arbeitsplatz gegangen, bezog dort eine 60-%-Anstellung: als Beamtin in der Verwaltung, sicher bis zum Lebensende, ausbaufähig zur vollen Stelle, wenn auch das letzte Kind aus dem Haus sein würde. Aber sie war todunglücklich an ihrem allzu sicheren Arbeitsplatz, der ihr so gar keinen Spielraum für ihre Gestaltungsfreiheit bot und sie inhaltlich absolut nicht erfüllte.

Ihre vielen anderen Gaben, Potenziale und Ressourcen aber waren – mindestens beruflich – auf der Strecke geblieben. Sie wusste zum Glück um ihre Kreativität, ihr Organisationstalent, ihre Kraft und ihren Mut. Und um ihre unglaubliche Begabung und Leichtigkeit in der Ausübung ihrer Kochkünste, vor allem wenn es über die alltägliche kulinarische Versorgung ihrer Familie hinausging. Sie hatte so große Freude daran, kalte und warme Büfetts für Festivitäten zu konzipieren, zu gestalten und liebevoll herzurichten und zuzubereiten. Und die Resonanz der Gäste bei ihren bisher privaten Partys zuhause hatte auch nie auf sich warten lassen.

Vor kurzem verstarb ihre Mutter als letzter Elternteil, und sie bekam dadurch ein mittelgroßes Erbe. Das bedeutete für sie Verlust und Trauer, aber es ermöglichte ihr auch zweierlei: Zum einen neue persönliche finanzielle Freiheit und Rücklagen im Hintergrund, zum anderen gewann sie neue Zeit und Energie dadurch, dass die Betreuung ihrer gegen Ende sehr kranken und leidenden Mutter wegfiel. Nach einer Erholungszeit spürte sie in jeder Zelle die Energie des Neuanfangs und der neuen Möglichkeiten: Es war genau der richtige Zeitpunkt für etwas Neues! Sie hatte den Traum von einer Selbständigkeit mit einem Catering. Schon reiften in ihr Ideen über Details zur Zielgruppe, die Speisenauswahl und die Anlässe, für die sie ihre Dienstleistung anbieten wollte. Wichtig war aber zunächst, dass sie die klare *Entscheidung* und die klare *Absicht* für dieses neue Projekt traf, verbunden mit dem Preis, ihre alte gesicherte Position aufzugeben. Sie war schon jetzt begeistert von der neuen großen Idee. Sie wusste, dass sie dies wirklich wollte und sie die Entscheidung genau dafür getroffen hatte. Und sie wusste, dass sie zum Zeitpunkt dieser Entscheidung und damit klaren Ausrichtung noch nicht jedes *Wie* des Weges dorthin wissen musste. Sie hatte ein gutes Vertrauen darin, dass sich ihr Weg beim Gehen zeigen werde.

Auch für Sie gilt: Wenn es um Ihre klare Absicht für Ihre neue Vision, Ihren neuen Traum, Ihr neues Projekt geht, dann ist das bereits ein sehr großer Schritt und ein entscheidender Faktor. Es lohnt sich aber auch, noch detaillierter und tiefer zu blicken und Ihre *wirkliche Absicht* dahinter anzuschauen. Was meine ich damit? Nun, hinter den äußerlichen Errungenschaften und den anvisierten Träumen und Zielen, die wir uns wünschen und die wir beabsichtigen, stehen in Wahrheit oft bestimmte *innere Qualitäten*, die wir uns durch diese

Dinge versprechen, bestimmte (Lebens-)Gefühle, nach denen wir uns sehnen. Ich meine damit Qualitäten von Zufriedenheit, Freiheit, Liebe, Gelassenheit, Lebensfreude, ähnlich den Werten, mit denen wir uns ausführlich im Kapitel *„Entdecken Sie Ihre Träume und Visionen"* beschäftigt haben.

Die Frage nach der *wirklichen Absicht* bedeutet dann für Sie auch: Wer wollen Sie sein, wenn Sie diesen Traum oder diese Vision umgesetzt und erreicht haben? Wie wollen Sie sich fühlen, wenn Ihr Wunsch erfüllt ist? Was ist Ihr *Anliegen* dahinter? Denn: Wenn Ihre Vision auf einem Anliegen beruht, dann leitet und trägt Sie dies auch emotional in Ihrer Ausrichtung. Weil Ihnen ein inneres Ziel am Herzen liegt! Und es ist dann interessanterweise nicht mehr entscheidend, ob und wann Sie ein bestimmtes äußeres Ziel erreichen werden.

Isabellas Anliegen war es, in ihrer neuen angestrebten Heraus-forderung und Selbständigkeit persönlich zu wachsen und sich der Welt in ihren Kompetenzen im Außen zu zeigen. Sie hatte auch ein Anliegen in der selbst gewählten Qualität ihres Catering-Unternehmens, zum Beispiel in der Auswahl und Zubereitung ihrer Speisen – vital, gesundheitsförderlich, biologisch, abwechslungsreich und fantasievoll. Und es war ihre Absicht, sich sehr persönlich und individuell auszurichten auf die Bedürfnisse und Wünsche ihrer zukünftigen Kunden. Und nicht zuletzt war es ihr Wunsch, Vorbild zu sein bzw. zu werden für eine besondere und außergewöhnliche Qualität eines Catering-Services. Schließlich lag es ihr am Herzen, durch die Qualität ihres Büfetts einen Beitrag für gelungene Feste ihrer Kunden zu leisten. Denn sie war überzeugt, dass auch auf Partys *die Liebe durch den Magen geht* und dass die guten ansprechenden Speisen für gute Stimmung und herzliche Begegnungen sorgen könnten.

Das äußere Ziel waren für Isabella die Anzahl der Aufträge und die Umsatzzahlen, als sie später in die Phase der Umsetzung eingetreten war. Mit ihrem Anliegen im Hintergrund konnte sie bereits beim ersten Auftrag Erfüllung finden. Und diese würde auch nicht enden, wenn ihre Umsätze ihre Erwartungen bei weitem überschritten hätten. Denn wenn Sie ein solches Anliegen für Ihren persönlichen Traum verfolgen, sind Sie nicht angekommen, wenn Sie im Außen erfolgreich sind. Ihr Denken, Fühlen und Handeln bleiben dann auch weiter von diesem Anliegen bestimmt. Dann werden Sie auch jeden einzelnen Schritt auf dem Weg zu Ihrer gelebten Vision als erfüllend erleben.

Haben *Sie* schon eine Idee, welche *wirkliche Absicht* hinter Ihrem persönlichen Traum steckt? Welches *persönliche Anliegen* – welcher Wunsch einer innewohnenden Qualität – liegt Ihrer Vision zugrunde?

Mutig sein heißt, mit der Angst weiterzugehen

Wenn Sie jetzt Ihre klare Entscheidung für Ihre Vision treffen und dabei noch Ihre wirkliche Absicht und Ihr Anliegen entdecken, so haben Sie bereits einen Riesenschritt getan. Und Sie werden wirklich frei für Ihren neuen Weg. Aber dieser Prozess der Entscheidung setzt manchmal auch etwas ganz anderes frei: *Ihre Ängste.* Sie können davon ausgehen, dass Ihre neuen Träume und Visionen Ihnen auch Angst machen werden, ganz besonders, wenn Sie die gegenwärtige Komfortzone, in der Sie sich in altbewährter Sicherheit eingerichtet haben, verlassen wollen. Aber das ist nichts Schlimmes, im Gegenteil, ich kann Ihnen versichern: Ihre *Angst* hat recht. Denn Sie können ja noch nicht genau wissen, wohin der neue Schritt Sie führen wird. Deswegen fühlen Sie die Enge – *Angst* und *Enge* haben den gleichen Wortstamm – der alten Welt und das mögliche Risiko der neuen. Geburtskanäle sind eng!

Schauen Sie Ihre Ängste genauer an: was wollen diese Ihnen sagen? Vielleicht haben sie auch ihre Berechtigung. Ängste sind schließlich manchmal auch wichtige Wegweiser, die Sie vor falschen Schritten warnen können. Es könnte aber auch darum gehen, Ihre alten Ängste wirklich zu überwinden, die Sie von Ihrem persönlich erfüllenden Leben oder einem Projekt, das Sie verwirklichen wollen, abhalten. Dann warten die Ängste darauf, dass Sie diese fühlen, sie liebevoll annehmen und Sie ihnen zustimmen. Denn je mehr Sie Ihre eigenen

Ängste verdrängen oder gegen sie ankämpfen, desto länger werden sie bleiben. Im besten Fall wird es Ihnen irgendwann gelingen, Ihre Angst in freudige Erregung zu wandeln. Schließlich ist das Neue, das Unbekannte, das Gewagte auch spannend und aufregend. Und Sie wollen ja ganz bewusst jetzt mit dieser Entscheidung aus dem bisher Gewohnten und Eingefahrenen herauskommen.

Was aber genau sind die Inhalte Ihrer Ängste, die sich Ihnen zeigen werden, wenn Sie sich auf einen neuen Weg machen? Da ist zum Beispiel die *Angst, Fehler zu machen,* oder *die Angst zu versagen.* Ich frage Sie: Was sind *Fehler?* Wenn es sie überhaupt gibt, dann sind sie doch immer auch Wegweiser für eine Verbesserung auf Ihrem Weg. Glauben Sie mir, auch ich mache weder gerne Fehler noch liebe ich es zu *scheitern.* Aber ich weiß auch um die Chance von Fehlern. Denn nur weil ich Fehler gemacht habe, z. B. indem ich bei einem Vortrag zu viel abgelesen habe, zu wenig Beispiele gebracht oder mich zu wenig persönlich gezeigt habe, konnte ich es neu und anders besser machen. Aus jedem (kleinen) Scheitern erwächst Kompetenz. Sie lernen ständig dazu. Aus diesem Grund gehe ich sogar noch einen Schritt weiter und empfehle Ihnen: Machen Sie bewusst Fehler, lösen Sie sich von den Idealen der Perfektion, Vollkommenheit und Makellosigkeit für Ihre Herausforderung! Probieren Sie sich stattdessen neu und anders aus, denn nur so haben Sie die Chance, sich zu entwickeln, sich zu verbessern und an Ihr neu anvisiertes Ziel zu kommen.

Und wie steht's mit der *Angst zu versagen?* Wer will schon versagen? Aber Sie werden dieses Risiko nicht ausschließen können. Es kann ein Scheitern geben! Aber was ist die Alternative? Nichts zu wagen? In altbewährter Sicherheit zu bleiben? Nehmen Sie sich das alte Sprichwort zu Herzen: *„Wer wagt, gewinnt!".* Wagen Sie Ihre Entscheidung – für Ihren neuen Weg in der einen Sache – in der einen Vision. Freuen Sie sich auf die wertvollen neuen Erfahrungen auf dem Weg der neuen Schritte, auch wenn Holpersteine, vermeintliche Rückschritte und Krisen auftauchen können. Genau diese Wege sind es, die Ihren *inneren Diamanten* in Ihnen schleifen werden. Und wir sprachen bereits darüber: Es sind die nicht gewagten Schritte, die

Sie am Ende Ihres Lebens bereuen werden, und nicht die vermeintlichen Fehler oder das Scheitern in bestimmten Momenten. Es sind die verpassten Chancen, die nicht gewagten Träume und Visionen, die Sie spätestens am Sterbebett bereuen werden. Wagen Sie das Leben – jetzt!

Und es gibt noch eine andere Angst, die sich häufig als machtvolle unsichtbare Bremse entpuppt: Viele Menschen unterlassen unzählige kleine und große wichtige Schritte, die sie ihrer Vision näherbringen würden, aus *Angst vor Ablehnung.* Diese Angst ist sehr verständlich, vor dem Hintergrund unseres *Bedürfnisses nach Verbundenheit und Geborgenheit.* Wenn Sie Angst davor haben, abgelehnt zu werden von den bisher Sie umgebenden Menschen, dann empfehle ich Ihnen, das einmal näher zu erforschen: Lehnen die anderen Sie wirklich ab? Vielleicht haben sie einfach nur einen anderen Weg für sich gewählt, das dürfen sie. Oder sie leben ihren Weg einfach – ganz unbewusst und ohne, dass sie ihr Leben reflektieren und überhaupt von der Möglichkeit wüssten, eine andere Wahl treffen zu können.

Und wenn es doch wirklich Ablehnung ist: Warum lehnen die anderen Sie denn plötzlich ab? Vielleicht haben sie Angst vor Ihrem neuen Weg? Warum wohl? Vielleicht reden die anderen Ihnen Bedenken ein, weil es sie schmerzt, und es sie mit ihrer eigenen eingefahrenen Lebenssituation konfrontiert – und ihrer damit verbundenen Unbeweglichkeit. Es ist gut zu wissen, dass Sie für manch einen Menschen insgeheim etwas Provokatives auslösen, wenn Sie sich mit Ihrem anvisierten spannenden Weg für das Neue entscheiden, und das vielleicht sogar noch voller Begeisterung.

Spätestens in diesem Moment dürfen Sie sich jedoch fragen: Wem wollen Sie es denn recht machen in Ihrem Leben, sich selbst oder Ihrer Umgebung? Wem wollen Sie treu bleiben, Sie sich selbst oder den lieben anderen Menschen, und damit Ihrem Wunsch, um jeden Preis geliebt zu werden? Dieser Preis könnte hoch angesiedelt sein! Ein erster Schritt für Sie kann es deshalb sein, sich unabhängiger von der Bewertung anderer zu machen. Denn es wird immer Menschen geben, die Ihre neue Vision toll finden, andere nicht, das gehört einfach dazu. Sie benötigen den Mut, andere Menschen zu *ent-täuschen,* um sich selbst und Ihren eigenen (neuen) Werten treu zu bleiben, die sich in Ihrer neuen Vision zum Ausdruck bringen. Und Sie haben immer die freie Wahlmöglichkeit, mit welchen Menschen Sie sich – vor allem in ihrem Privatleben – umgeben wollen, und welche Menschen Ihnen gut tun, Ihnen zuträglich und förderlich sind, gerade wenn Sie sich auf einen neuen Weg machen. Und manchmal erfordert der neue Weg, dass Sie einzelne Menschen zurücklassen, weil sie in eine andere Zeit Ihres Lebens gehören, und dort auch hineingepasst haben.

Sie können gewiss sein, auch Isabella hat sich dem Gerede und den Bedenken so manch eines Kollegen, einer Freundin oder eines Verwandten aussetzen dürfen. Sie hatte allerdings das Glück, dass sowohl ihr Mann als auch ihre Kinder hinter ihrer Entscheidung zur neuen Vision standen und sie sogar ermutigten, ihren neuen Weg zu gehen.

Neben Ihrem *Bedürfnis nach Verbundenheit und Geborgenheit* ruft auch noch ein zweites wichtiges Grundbedürfnis, das in Ihnen schlummert und wesentlich für Ihr Glücklichsein ist: das nach *Autonomie, eigener Weiterentwicklung und Freiheit.* Tatsächlich konkurrieren diese beiden Bedürfnisse manchmal miteinander, und beide wollen bedient und erfüllt werden.

In jedem Fall lohnt es sich, Ihre Ängste zu überwinden, oder besser gesagt: mit ihnen weiterzugehen. Zugegeben: Das erfordert Mut! Aber was bedeutet *Mut* überhaupt? Und was macht einen mutigen Menschen aus? Christian Bischoff, ein bekannter und kraftvoller Redner, Persönlichkeitstrainer und Autor, skizziert den mutigen Menschen für mich sehr treffend:

„Ein mutiger Mensch ist nicht ein Mensch, der keine Angst hat, sondern ein Mensch, der trotz Angst handelt."

Als mutiger Mensch wissen Sie um Ihre Ängste, Sie gehen Risiken ein, lassen sich auf Unvorhersehbares ein. Mut lässt Sie voranschreiten, durch ihn erlangen Sie Größe. Darauf können Sie dann wahrlich stolz sein!

Mut bedeutet immer auch, sich mit dem zu zeigen, was Sie sind, und was Sie in sich tragen. Wie auch immer Ihr Traum oder Ihre Vision aussieht, Sie wollen sich damit ja immer zum Ausdruck bringen. Sie werden somit sichtbar für die Welt – und diese Sichtbarkeit macht verletzbar und angreifbar. Mut hat auch viel mit Ihrem Selbstvertrauen zu tun. Überprüfen Sie bei Ihrer neuen Vision, ob und wo es Ihnen noch an Selbstvertrauen fehlt. Sie können Ihr Selbstvertrauen steigern, indem Sie die Unwissenheit in bestimmten Bereichen vertreiben, zum Beispiel indem Sie recherchieren, Informationen sammeln, Bücher lesen und sich Wissen aneignen. Jeder dieser Schritte könnte Ihr Selbstvertrauen wachsen lassen. Und dadurch werden Sie wiederum mutiger, aktiver und erfolgreicher.

Und ganz wichtig: Ihre Angst schwindet vor allem mit dem Tun (vgl. Teil 3 des Buches). Denn dann setzen Sie den großen Fantasien Ihrer Ängste, was alles passieren und was alles schiefgehen könnte, etwas entgegen. Mit Ihrem Tun machen Sie neue Erfahrungen, und mit Sicherheit auch erfolgreiche. Diese werden Sie zum Weitermachen ermuntern.

Freude und Begeisterung

Ganz besonders dann, wenn Ihre Entscheidung für das Neue auch noch zunächst von Ängsten begleitet ist, brauchen Sie ein emotionales Gegengewicht und einen Ausgleich. Das sind Ihre *Freude* und Ihre *Begeisterung* für Ihre neue, große Vision. Ihr Herz, was schon hüpft, wenn Sie an Ihre neue Idee, Ihr neues Projekt nur denken, und wenn Sie es sich ausmalen, wie alles sein wird und es sich anfühlt, wer Sie sein werden, wenn Sie diesen Traum verwirklicht haben. Wenn Sie Ihre Freude und Begeisterung in voller Blüte fühlen, wenn Sie geradezu brennen für Ihre neue Vision, dann bekommt sie ungeheuer viel Energie und Kraft, dann füttern Sie das Schöne, das Attraktive, das Gelingen Ihrer Vision – und Ihre Ängste werden mehr und mehr austrocknen. Freude und Begeisterung werden zum Motor und zum Treibstoff in einem – für Ihre Träume und Visionen!

Was genau bedeutet Begeisterung? Durch Ihre Begeisterung setzen Sie starke schöpferische Kräfte in Gang. Wenn Sie etwas *be-geist-ern,* dann hauchen Sie ihm mittels der eigenen Schöpferkräfte Leben ein. Der Hirnforscher Gerald Hüther sagt: *„Begeisterung ist Dünger fürs Gehirn!"* Immer dann, wenn sich jemand so richtig für etwas begeistere, würden die so förderlichen neuroplastischen Botenstoffe im Gehirn ausgeschüttet. Unser Gehirn reagiere eben nicht auf das, was objektiv wichtig oder richtig sei, sondern nur auf das, was uns selbst aufgrund unserer eigenen, subjektiven Bewertung als wichtig und bedeutsam erscheine. Genau das passiert, wenn Ihre neue Vision Ihr Ding ist, Ihr Herz zu hüpfen beginnt. Wenn Ihr Feuer brennt für die neue Idee und die neue Vision. Und aus meiner Sicht gibt es kaum eine bessere Möglichkeit, ein *Burn-out* zu verhindern, als für eine Sache oder Aufgabe zu brennen, sprich ein wirkliches *Burn-in* zu haben.

Isabella zum Beispiel war schon in der Vorstellung voller Freude und Begeisterung, wie sie ihr geplantes Unternehmen managen, mit welcher Freude sie ihre angerichteten Speisen präsentieren, und wie sie die Kunden und deren Gäste zufrieden und glücklich machen würde. Genau diese Begeisterung war ihr bei der Umsetzung später sehr hilfreich. Denn die magnetische Kraft auch Ihrer Begeisterung zieht alles an, was Sie brauchen für Ihre Vision. Dann werden Sie z. B. bestimmte Informationen, Dinge und (hilfreiche) Menschen in Ihr Leben ziehen, die Sie unterstützen können.

Für den Fall, dass sich das Gefühl der Begeisterung aber so gar nicht einstellen will, sollten Sie Ihre Wahl noch einmal überprüfen bzw. kleinere oder größere Korrekturen innerhalb Ihrer Träume und Visionen vornehmen. Oder fragen Sie sich, ob es jetzt wirklich der richtige Zeitpunkt ist. Manche Träume brauchen noch den inneren Raum, sich zu entwickeln, zu reifen, zu wachsen, sie sind einfach noch nicht bereit zur Umsetzung. Dann wählen Sie einen neuen Zeitpunkt oder treffen Sie eine andere, neue Wahl.

Wenn Sie aber dieses intensive Gefühl der Freude und Begeisterung spüren, und Sie damit ein uneingeschränktes *Ja* fühlen, dann haben Sie mit Ihrer Entscheidung die große Schwelle überschritten.

Glückwunsch! Feiern Sie diesen großen Moment in Ihrem Leben! Jetzt sind Sie wirklich mitten in *Ihrem* Leben angekommen.

Und es kann jetzt so richtig los- und weitergehen mit dem realen Umsetzen und Manifestieren Ihrer Träume und Visionen. Wir landen im 3. Teil des Buches.

„Wer den Hafen nicht kennt,
in den er segeln will,
für den ist kein Wind der richtige.“

Seneca

Teil 3
Der Blick nach vorne

Der Platz Ihrer Entfaltung

Mit Ihrem klaren *Ja* haben Sie ein Bekenntnis abgegeben, eine Verpflichtung, die Ihre Energie auf das Umsetzen Ihrer Vision und damit auf Ihr Handeln lenkt. Jetzt geht es darum, Ihren inneren Kompass – so wie Sie ihn für sich im 2. Teil des Buches entwickelt, entdeckt und ausgerichtet haben – nach außen zu tragen. Es geht um die Umsetzung des Entwickelten.

Was aber brauchen Sie dazu? Wie kann es Ihnen gelingen, Ihren Traum und Ihre Vision Wirklichkeit werden zu lassen? Ich will die Überschrift dieses Kapitels *„Der Platz Ihrer Entfaltung"* gleich mal wörtlich nehmen, und dies in zweierlei Hinsicht: Zunächst brauchen Sie Platz *für* die Entfaltung Ihrer Vision. Es ist unbedingt notwendig, dass Sie Ihrer Vision – jetzt in der Phase der Umsetzung – wirklich den *Raum* geben, den sie benötigt. Auch wenn es einen Unterschied machen wird, ob es um die langersehnte Partnerschaft, den Traum von Ihrer Weltreise, Ihr neues Projekt oder das Erlernen eines neuen Instruments und vieles mehr geht, das Prinzip ist immer gleich: Alle Ihre Visionen brauchen den gebührenden Raum als Basis für die Umsetzung. Raum geben können Sie ihnen, indem Sie Energie, Aufmerksamkeit, Zeit, Engagement und vieles mehr hineingeben.

Für Wachstum braucht es immer Platz, das besagt das *Gesetz des Wachstums.* Wenn Sie dem Neuen den entsprechenden Raum geben, dann können Sie genau in diesen neuen Raum hineinwachsen. Und Sie können und werden an der Realisierung Ihres Traumes – mindestens innerlich – wachsen. Kennen Sie Bonsai-Bäume? Unabhängig davon, ob Sie diese japanische Variante von Gartenkunst lieben oder nicht, dort können Sie sinnbildlich etwas sehen und erfahren: nämlich, wie klein Sie etwas halten können, wenn Sie es immer wieder beschneiden und begrenzen. Oder anders ausgedrückt: Wie Sie Wachstum verhindern können. Aber ich gehe davon aus, dass Sie an dieser Stelle genau das Gegenteil wünschen. Dann ist es wichtig, dass Sie Ihrem Traum auch den Raum geben, den er benötigt, um sich ausbreiten und umsetzen zu können.

Wie wörtlich dieser Raum auch zu verstehen sein kann, zeigt eine Geschichte aus meinem eigenen Leben: Nachdem ich 2005 aus meiner damaligen Arbeitsstelle innerlich herausgewachsen war und die Bedingungen dort in vielerlei Hinsicht gar nicht mehr stimmig für mich waren, war der Samen längst gelegt, den Sprung in die Selbständigkeit zu wagen. Auch wenn ich mich durchaus für einen mutigen Menschen halte, so gab und gibt es auch eine vorsichtige Seite in mir, die sich an dieser Stelle zeigte. Ich fand meinen Einstieg, indem ich mir einen Praxisraum einrichtete, separat am Rande unserer Privatwohnung, in der ich mit meiner Familie wohnte. Doch schon nach kurzer Zeit spürte ich die Begrenztheit dieser Situation, und so wusste ich: Es brauchte einen eigenen und größeren Raum für das, was ich vorhatte. Glückliche Umstände ließen mich passende Praxisräume finden, mit einem sehr schönen und großzügigen Behandlungsraum, der mir zusammen mit einer Teeküche nun schon seit vielen Jahren auch die Seminare mit Gruppen ermöglicht. In diesen Räumen konnte meine Praxis wirklich wachsen und sich ausbreiten, sowohl quantitativ in der Anzahl meiner Klienten als auch in der Qualität und der Breite meines Angebots.

Ich habe also zuerst die *Struktur* für die Ausdehnung geschaffen, und dann bin ich in diese hineingewachsen. Sie können dieses Beispiel energetisch über den engeren Wortsinn von *Raum* hinaus auf alles übertragen: Wenn etwas Neues in Ihrem Leben wachsen soll, brauchen Sie Raum im Sinne von Energie, Zeit, Kraft, um sich Ihren neuen Aufgaben und Zielen widmen zu können.

Wenn Sie sich ganz auf das Neue fokussieren, kann das auch bedeuten, dass Sie neue Prioritäten setzen müssen und werden, inklusive Verzicht und Abgrenzung, z. B. gegenüber Dingen, Men-schen und Tätigkeiten, die Ihnen nicht mehr zuträglich sind, ganz besonders im Hinblick auf Ihre Vision. Vielleicht werden Sie zum Beispiel auf bestimmte unwichtige Tätigkeiten verzichten, Ihre Zeit, die Sie mit *Social Media* oder vor dem Fernseher verbringen, reduzieren, oder gewisse Verabredungen mit Menschen seltener werden lassen, die sowieso nicht nährend waren. Oder Sie lassen die Sonne draußen mal scheinen am Wochenende und setzen sich dennoch an Ihren Schreibtisch. Denn das Leben will jetzt an die Vision angepasst werden, und nicht umgekehrt!

Der *Platz Ihrer Entfaltung* hat aber auch noch eine zweite Bedeutung, örtlich gemeint: Natürlich sehr davon abhängig, um welchen Traum oder welche Vision es sich handelt, geht es jetzt darum, *an welchem Platz* ganz konkret Sie sich verwirklichen wollen und können, und *wie* der neue Weg zur Erfüllung Ihrer Vision aussehen könnte – im Gegensatz zur grundsätzlichen Entscheidung für die eine bestimmte Vision. Die Möglichkeiten zu recherchieren, zu erforschen, wo und wie Sie die nächsten Schritte gehen können, was Sie noch brauchen an Wissen, Kompetenz und Unterstützung oder Mentoren. Wo Sie diese finden, welche Handlungen Sie zu vollziehen haben, und vieles mehr. Jetzt nimmt das *Wie* Ihres Weges konkretere Formen an.

Ihre Vision braucht Pläne und Ziele

Sie beginnen, Ihre Vision zu planen. Denn eine Vision, aber keinen Plan zu haben, bleibt Wunschdenken. Es ist dann gerade so, als habe man einen Zielort, aber keine Karte und keine Möglichkeiten, dorthin zu gelangen. Pläne beinhalten natürlich auch Unwägbarkeiten und wollen immer wieder an aktuelle Realitäten angepasst werden. Aus den Plänen ergeben sich bestimmte Ziele, das große Ziel genauso wie Zwischenziele für Ihre Etappen, die Sie erreichen wollen. Und es ergibt sich das, was Sie dafür tun wollen und werden. Ziele setzen Kraft frei und unser Handeln in Gang. Bewusst gewählte Ziele erhöhen die Wahrscheinlichkeit, dass in Ihrem Leben wirklich das geschieht, was Sie sich wünschen.

Eine Grundregel zum Erreichen eines Zieles ist, sich auf das gewünschte Ergebnis zu konzentrieren. Formulieren Sie Ihre Ziele unbedingt klar und präzise, sinnvoll und konkret, messbar, im Präsens, auf einen Zeitpunkt/Zeitraum festgelegt! Und natürlich sollten Ihre Ziele attraktiv sowie realistisch und machbar sein. Auch wenn gute Ziele Sie aus der Komfortzone locken sollten, sprich Sie Ihre Grenze zwischen möglich und unmöglich mit Ihrem Ziel verschieben können. Dann wirken Ihre Ziele motivierend und bieten Ihnen Orientierung. Wenn Sie Ihr Ziel visualisieren, achten Sie auf Ihre Gefühle, denn Ihr Ziel sollte Sie unbedingt positiv emotional berühren. Dann ist Ihre Zielvisualisierung wirksam. Wenn Sie Ihre Ziele schriftlich festlegen, dann schließen Sie sozusagen einen Vertrag mit sich selbst. Sie geben sich selbst ein Versprechen, dieses Ziel zu erreichen. Und aus diesem Versprechen folgt, dass Sie auch etwas dafür tun müssen.

Solche Ziele können zum Beispiel so aussehen:

„In zwei Monaten bin ich so fit, dass ich zweimal wöchentlich 1 Stunde entspannt nach meiner Arbeit joggen kann."- „Ende nächster Woche habe ich eine Liste zusammengestellt, welche Fähigkeiten ich mir für mein neues Projekt noch aneignen werde, und habe ebenso die Möglichkeiten dazu recherchiert, wo und wie ich sie erwerben kann."- „Am Monatsende steht die Gliederung meiner Buchkonzeption".

Formulieren Sie Ihr Ziel unbedingt positiv, sonst fokussieren Sie sich auf das Problem und verstärken es. Zum Beispiel durch Sätze wie: *„Ich will mich nicht mehr bestimmen lassen von meinem Chef oder Partner."*

Vermeiden Sie es, sich auf solche Weise darauf auszurichten, was Sie nicht mehr möchten! Denn gemäß dem Gesetz der Resonanz denken Sie dann das Unerwünschte, und Sie holen es dadurch in Ihr Leben.

Dann aber ist Handeln gefragt. Denn letztlich zeigen wir nicht nur der Welt, sondern auch uns selbst erst durch unser Tun, woran wir wirklich glauben. Handeln Sie täglich mehrmals dafür – im Sinne Ihres Zieles! Fragen Sie sich am Abend: *„Was genau habe ich heute schon für meinen Traum oder mein nächstes Ziel getan?"* Schreiben Sie es am besten gleich auf. Dann gelingt es Ihnen vielleicht leichter, die Fantasie Ihrer Ausreden, was Sie heute wieder gehindert hat, zu übertrumpfen. Schauen Sie, ob Ihr Handeln Sie Ihrem Ziel nähergebracht hat. Treffen Sie dann Entscheidungen, was Sie korrigieren wollen. Und dann handeln Sie weiter ...! Bleiben Sie kontinuierlich dabei, auch wenn Sie mal nicht sofort die Resultate sehen können. Denn es gibt auch Phasen, in denen nur scheinbar nichts passiert – die *Plateauphasen*. Üben Sie sich in Disziplin, Geduld und Ausdauer.

Und vergessen Sie Ihre *Freude* nicht! Sie sollte nicht erst am Ende einer Tätigkeit, am Ziel auf Sie warten, wie eine Belohnung, sondern sie sollte schon auf dem Weg liegen. Lassen Sie es zu Ihrer Absicht werden, wählen Sie es, bestimmte Handlungen jetzt mit Freude zu tun. Sie alle kennen den Spruch von Konfuzius *„Der Weg ist das Ziel"*. Er will uns mindestens auf Geduld und Ausdauer, aber ebenso darauf verweisen, bereits beim Gehen des Weges glücklich zu sein und nicht erst, wenn wir das Ziel erreicht haben.

Wenn Sie bei einer Sache wirklich erfolgreich sein wollen, dann sollten Sie auf keinen Fall aus dem Auge verlieren, *wie* Sie den Weg hin zu Ihrem Ziel gehen, damit Sie die Freude daran behalten können. So gesehen ist Erfolg niemals allein das Ziel, sondern Erfolg ist vor allem der Weg zu Ihrem Ziel – ein Prozess. Veit Lindau, Coach, Seminarleiter und Vortragsredner, spricht (und warnt) in diesem Zusammenhang von der *„Mohrrübe"*, der wir als Esel stets hinterherlaufen. Wenn wir sie dann erreichten, brauche es sofort die nächste. Wir seien aber Menschen und keine *„Zielerreichungsmaschinen"*, die von einem Ziel zum nächsten jagen.

Wenn Sie ausschließlich im *Um-zu-Modus* bleiben, sprich etwas nur tun, um das Ziel zu erreichen, wird Sie das allein nicht erfüllen. Ganz besonders dann nicht, wenn Sie unterwegs Ihr *wofür* und Ihr Anliegen verloren haben. Darüber hinaus sind das gute Gefühl und die Genugtuung über den eingetroffenen Erfolg meist von kurzer Dauer. Und es handelt sich bei diesem Gefühl häufig um eines der Erleichterung darüber, dass die Spannung nachlässt und der Druck wegfällt. Kennen auch Sie Menschen, die von einem Erfolg zum nächsten rennen, und irgendwie dennoch nie glücklich und zufrieden werden?

Daher achten Sie darauf: Das Erlebnis auf dem Weg zum Erfolg sollte Ihnen bereits große Freude bereiten, und nicht erst das Ergebnis, wenn Sie das Ziel erreicht haben. Genießen Sie immer auch die Reise dorthin, und ebenso Ihre persönliche Entwicklung auf diesem Weg! Planung, Ziele, Struktur jetzt in der Phase der Umsetzung sind super und wichtig. Aber diese Qualitäten allein reichen nicht aus, spiegeln und bedienen sie doch vor allem unsere kognitive und mentale Seite, unseren Verstand, unsere linke Gehirnhälfte. Sie müssen unbedingt noch andere Qualitäten mit ins Boot nehmen, damit sich Ihre Vision verwirklichen kann: Ihr Unterbewusstsein, Ihren Glauben, Ihre Einstellung und Ihre bildliche Vorstellung.

Ihr Unbewusstes und Ihre bildliche Vorstellungskraft

Der Volksmund sagt: *„Wenn Du es wirklich willst, dann schaffst Du es auch."* Dahinter steckt die Annahme, mit Ihrem Willen und Ihrem Bewusstsein könnten Sie Ihr Leben steuern und Ihre Ziele erreichen. Doch diese Aussagen stimmen so nicht. Die treffendere Aussage wäre: *„Was Sie sich nicht vorstellen können, kann nicht sein"*. Es geht also um eine bildliche Vorstellung, auch von dem erreichten Ziel. Auch Ihre neue Vision braucht ein inneres Bild von dem, was sich manifestieren soll, und zwar gefühlt, nicht nur im Kopf! Wenn Sie gesund werden und sein wollen, brauchen Sie ein inneres Bild von diesem gesunden Zustand. Wie sieht es aus, gesund zu sein? Und vor allem: Wie fühlt es sich an, gesund zu sein und Energie zu haben?

Denn die Wahrheit ist: Das, was Sie sich vorstellen können, können Sie auch verwirklichen. Sie steuern dann auf diejenigen Dinge zu, die Sie sich zuvor vorgestellt haben. Und dann kommt noch Folgendes hinzu: Ihr Gehirn kann nicht unterscheiden zwischen einer Vorstellung und der Realität – dem, was tatsächlich im Außen existiert. Ihre inneren Bilder erschaffen äußere Realitäten. Sie kennen das: etwa wenn Sie sich vorstellen, in eine saure Zitrone hineinzubeißen, oder wenn Sie einen Spielfilm schauen und Sie emotional zutiefst berührt werden. Ihr Körper, Ihr Gehirn und Ihre Emotionen reagieren, auch wenn es nicht real ist. Leistungssportler machen sich genau das zunutze, indem sie viel mit ihrer bildlichen Vorstellungskraft arbeiten. Und Sie sollten unbedingt Ihr Unterbewusstsein überzeugen von Ihrer neuen Vision, Ihren konkreten Zielen, und das mithilfe von positiven neuen Bildern, an die Sie glauben.

Im Kapitel *„Ist das IHR Leben?"* habe ich ausführlich beschrieben, wie unser Bewusstsein und damit auch unser Verstand nur die Spitze eines riesigen Eisbergs sind. Darunter liegt das gespeicherte Datenmaterial des Unbewussten, welches uns maßgeblich (zu 95 %!) in unserem Handeln bestimmt, auch wenn uns dies nicht bewusst ist. In unserem Unterbewusstsein sind tiefsitzende Glaubenssätze, Einstellungen und Erwartungen gegenüber dem Leben gespeichert, sowie unsere persönlichen Wahrnehmungsfilter, wie wir das Leben wahrnehmen und bewerten. Wenn Sie also jetzt Ihre neue Vision manifestieren wollen – aufgeschlüsselt in ihre einzelnen Ziele –, so ist es unbedingt notwendig, dass Sie Ihr Unbewusstes davon überzeugen. Ihre Ziele müssen im Unterbewusstsein verankert werden. Was auf der Leinwand Ihres inneren Kinos – Ihres Unterbewusstseins – geschieht, bestimmt, was Sie erleben.

Ihr Unterbewusstsein versteht weniger Ihre Worte, sondern nur *Bilder,* die hinter jedem Wort stecken. Die Sprache des Unter-bewusstseins ist demnach eine bildhafte Sprache. Und wir als Menschen können in Bildern denken, d. h. wir können visualisieren. An dieser Stelle können Sie Ihren *Willen der Vorstellungskraft* hinzufügen, Sie können neue, positive Vorstellungsbilder von Ihrer Vision kreieren. Diese Bilder sind Ihr Verbindungsdraht zum Unterbewusstsein. Deshalb ist es sinnvoll, gezielt aufbauende Bilder zu visualisieren, denn diese erteilen Ihrem Unbewussten aufbauende Anweisungen, die sich dann in Ihrem Handeln manifestieren können.

Wie aber können Sie Ihr Unterbewusstsein bildlich unterstützen, und damit auch Ihre rechte Gehirnhälfte bedienen? Das Visualisieren – in Verbindung mit einem positiven Gefühl zum Erwünschten – ist ein wichtiger Schlüssel dafür, dass die Bilder in die rechte Gehirnhälfte eingehen. Ich will Ihnen an dieser Stelle ein besonderes Instrument vorstellen, welches Ihnen dabei dienlich sein kann, und darüber hinaus auch noch Freude bei der Gestaltung bereiten kann: Die *Visionscollage.*

Visionscollage – eine Einladung für Ihr Unterbewusstsein

Was ist eine *Visionscollage?* Sie basteln sich sozusagen Ihre Vision und Ihren Traum in Form von Bildern zusammen. Sie können dies je nach Vorliebe sowohl für sich selbst allein als auch zusammen mit anderen Menschen in einer kleinen Gruppe machen. Nehmen Sie sich auf jeden Fall ausreichend Zeit dafür, durchaus einige Stunden. Unter Umständen macht es auch Sinn, Ihr halbfertiges Produkt mal einige Tage stehen zu lassen und dann zu einem späteren Zeitpunkt zu ergänzen.

Wie funktioniert es genau? Sie kleben (frz. coller = kleben) verschiedene Elemente – Bilder, Fotos, Ausschnitte aus Zeitschriften mit vielen Bildern – auf einen selbst gewählten festen Hintergrund, z. B. einen bunten Fotokarton in einer Größe von A2 oder A3. Meiner Erfahrung nach bieten sich ganz besonders Zeitschriften an, die spannende Denkanstöße und kreative Ideen zur Lebensgestaltung und Lebenskunst sowie zum Lebensglück zum Thema haben. Dies vor allem deshalb, weil diese so schöne und passende Bebilderungen haben. Lassen Sie sich inspirieren von den Bildern in den Zeitschriften und wählen Sie intuitiv aus, gestalten Sie kreativ Ihre visionäre Ausrichtung!

Diese Bilder sollen nicht das zum Ausdruck bringen, was Sie schon haben, sondern das, was Sie erreichen möchten: Ihren Traum, Ihre Vision und Ihr Ziel. Das können konkrete Bilder sein, von Gegenständen, die Sie besitzen möchten – Auto, Wohnung, Haus, Garten – oder von Vorbildern, die Sie inspirieren. Es können aber auch Bilder sein, die bestimmte Emotionen in Ihnen auslösen – Wald, Meer, Sonnenuntergang, viele Menschen etc. In die Mitte sollten Sie ein Foto von sich selbst kleben, natürlich eines, wo Sie sich selbst gefallen. Die konkrete Ausführung kann in seiner Gewichtung sehr unterschiedlich gestaltet werden. Sie können sowohl Ihre ganze Vision in Bildern verkörpern auf einem großen Untergrund, oder sich einzelnen Zielen widmen, indem Sie sie bildhaft gestalten und differenzieren. Vielleicht mögen Sie auch die einzelnen Schritte und Etappen bildlich verkörpern, oder auch die Qualitäten bebildern, die erforderlich sind. Ihrer Fantasie sind keine Grenzen gesetzt! Achten Sie jedoch darauf, dass es auch nicht zu überladend wird. Es sollte Freude und Klarheit in Ihnen erwecken, und nicht den Eindruck von Chaos.

Ich persönlich liebe es auch, mich für ein ganzes Jahr auf einer solchen Collage bildhaft auszudrücken und damit auszurichten. Dann wähle ich für die linke Seite mehr das Private, für die rechte Seite mehr das Berufliche. Auf der linken Seite könnten dann z. B. Bilder von geliebten Freizeitaktivitäten, Musik und Sport, Zeit und Raum mit lieben Menschen – Partner, Kinder und Freunde – stehen, auf der rechten Seite Bilder vom Schwerpunkt im beruflichen Bereich. Natürlich hatten auf meiner Visionscollage für 2019 Bilder von meinem Buch einen festen Platz! Wichtig ist auf jeden Fall, dass die Bilder bunt sind, denn das Unterbewusstsein versteht nur bunt. Das liegt daran, dass unser menschliches Auge nicht in Schwarz-Weiß, sondern in Farbig wahrnimmt, wir sehen die Welt um uns herum bunt. Und selbst wenn Sie sich gerade Ihren Liebsten oder Ihr Kind bildlich nur vorstellen, werden Sie immer bunte Bilder empfangen. Probieren Sie es aus. Und wir werden heutzutage auch so überflutet mit farbigen Bildern durch alle Medien, Filme, Werbung: Da können farbige Bilder Sie und Ihr Unterbewusstsein einfach besser erreichen.

Und es geht um symbolische Bilder, Worte sollten nicht den Schwerpunkt darstellen. Wenn's Ihnen aber dennoch gefällt, dann unterstützen Sie Ihre Vision auch ergänzend durch einzelne Wörter, die anzeigen, worum es bei der Umsetzung gehen soll. Meinem Buch etwa wollte ich durchaus mit den aufgeklebten Worten *Kreativität* und *Inspiration* für seine Umsetzung noch mehr Flügel verleihen. Die

Symbolik selbst kann sehr unterschiedlich ausfallen. Für den einen drücken sich etwa Qualitäten wie *Ruhe und Gelassenheit,* die er mehr in seinem Leben verwirklichen will, in einem Foto von *Dalai Lama* aus, der andere wählt ein schönes Naturfoto, mit oder ohne eine meditierende Figur im Vordergrund.

Hinter dieser für mich sehr kreativen Methode, die dazu noch richtig Spaß macht, steht – wie gesagt – die Annahme, dass Sie tatsächlich nur das verwirklichen können, was Sie sich auch bildlich vorstellen. Wenn Sie kein inneres Bild von dem haben, was Sie sich wünschen, können Sie es nicht verwirklichen. Dabei spielt es keine Rolle, ob es ein inneres Bild von einer liebevollen Partnerschaft auf Augenhöhe ist oder von der Kunst und Fähigkeit, bei der nächsten Präsentation im Berufsleben gelassen und souverän Ihren Standpunkt zu vertreten und das zu präsentieren, was Sie sich vorgenommen haben.

Wenn diese soeben beschriebenen Wunschbilder auch für Ihr Leben relevant sind, dann schauen Sie, ob Sie schöne Paarfotos finden von Menschen, die genau für *Sie* das Angestrebte verkörpern – oder eben Bilder von souverän vortragenden Menschen. Ich hatte zum Beispiel neulich ein Erlebnis mit einer Rednerin, die für mich eine wunderbare Art hatte, ihre Rede zu gestalten und vorzutragen. Ich wusste schon während des Lauschens ihres Vortrags, dass sie mein neues Vorbild für eine neu anzustrebende Ruhe und Souveränität in der Rede sein könnte. Sie verkörperte für mich diese Qualität, wie auch ich sie in zukünftigen ähnlichen Situationen anstrebe. Ihr Foto wird mit Sicherheit meine nächste Visionscollage bebildern. Und für mich war sie als Identifikationsfigur auch deswegen besonders ansprechend und attraktiv, weil sie auch wie ich eine Frau ist, und damit viel passender, als wenn ich mich an guten männlichen Rednern orientiere, auch wenn sie noch so authentisch und überzeugend sind. Übrigens hatte der Inhalt gar nichts mit Psychologie zu tun, das war nicht wichtig, auch die Person selbst war nicht das Entscheidende, ich kannte sie ja gar nicht persönlich, wenngleich ich sie sehr sympathisch fand. Die Qualität hatte mich angesprochen, und mein

Gefühl dazu, – ihre Worte hatten mich berührt, und das über die Inhalte hinaus.

Dahinter steckt die auch noch für uns Erwachsene wichtige Erkenntnis, dass wir wirklich unbedingt *Vor-Bilder* für unser Leben brauchen. In dem Wort *Vorbild* steckt ja bereits das Wort *Bild,* gemeint sind die inneren Bilder davon, wie die erwünschte Qualität in einem bestimmten Bereich sein könnte. Bei den Vorbildern sehe ich, dass etwas möglich ist, wie es funktionieren kann. In dieser Hinsicht können wir uns noch etwas abschauen von den jugendlichen Fans, die sich ihren Lieblingspopstar als Plakat in ihren Jugendzimmern aufhängen. Oder vielleicht heutzutage noch mehr in den sozialen Medien verfolgen?

Wo sollten Sie Ihre Visionscollage platzieren, wenn sie fertig ist? Natürlich dort, wo Sie sie gut sehen können, wenngleich Sie auch Ihre Intimsphäre wahren sollten. Je nachdem wie und mit wem Sie leben, bietet sich Ihr persönliches Zimmer oder ganz besonders Ihr Schlafzimmer an. Ihr Schlafzimmer deswegen, weil Sie sich dort am häufigsten in Zuständen aufhalten, die dem Unbewussten und damit der Bildersprache besonders zugänglich sind: im Alpha- oder Theta-Zustand Ihres Gehirns. Ganz besonders morgens beim Aufwachen und abends vorm Einschlafen. Erfreuen Sie sich an Ihrem Kunstwerk und lassen Sie es wirken!

Abschließend will ich Ihnen noch eine kleine Variante dieser Visionscollage vorstellen, das *Vision Board.* Die Idee ist die gleiche, aber Sie wählen als Hintergrund für Ihre Bilder, Fotos und Worte eine Magnettafel oder eine Korkwand. Diese Flächen bieten den Vorteil, dass Sie die Bilder immer wieder verschieben oder austauschen können. Es ist also die dynamischere Version. Wählen Sie die für Sie stimmige Variante, beides hat seine Vor- und Nachteile! Ich kenne Menschen, die lieben es, in jedem Fall zu kleben und sich festzulegen. Sie machen das dann regelmäßig, und dann schauen sie sich die persönliche Entwicklung an, die die jeweiligen Collagen zum Ausdruck bringen.

Ihre Gedanken und Ihr Glauben – Sprachrohr für Ihr Unterbewusstsein

Neben den inneren Bildern – mit und ohne Visionscollage –, die Sie von Ihrer (manifestierten) Vision haben, brauchen Sie noch etwas anderes, damit Ihr Traum die Chance erhält, sich zu verwirklichen. Wir können nur das erreichen, was wir auch denken, und woran wir glauben können. Was Ihre Gedanken angeht, so kam schon Marc Aurel zu der Erkenntnis: *„Das Glück Deines Lebens hängt von der Beschaffenheit Deiner Gedanken ab."* Jeder Gedanke wirkt wie eine Trance-Induktion, Gedanken erschaffen Ihre Realität und sind auf diese Weise sehr machtvoll. Geist erschafft Materie! Denn das, was und woran Sie denken, wird Ihr Leben.

Und wir werden auch zu dem, was wir die meiste Zeit zu uns selbst sagen. Ihr innerer Dialog begleitet Sie den ganzen Tag. Sie hören sich selbst immer zu. Werden Sie sich Ihrer Selbstgespräche wirklich bewusst! Und seien Sie achtsam mit Ihren Worten, sei es in Gedanken oder laut sprechend. Worte sind machtvolle Bilder, die Sie Ihrem Geist anbieten. In Ihrem Selbstgespräch kommunizieren Sie mit Ihrem Unterbewusstsein, es ist daher von zentraler Bedeutung für Ihr Wohlbefinden und Ihren Erfolg. Jede positive wie auch negative Selbstbewertung ist für Ihr Unterbewusstsein eine Anweisung zur Ausführung. Und was Sie denken, erwarten Sie auch von der Welt.

Es lohnt sich, wenn Sie Ihre eigenen Gedanken bewusst steuern, ganz besonders nur noch denken, was Sie wollen, und nicht, was Sie nicht (mehr) wollen. Wenn Sie Ihren Geist in dieser Hinsicht schulen, kann er Ihnen wirklich zu Diensten sein. Wenn Sie denken *„Wie soll ich mich in meinem Alter noch mal ganz neu positionieren?"* oder *„Es gibt sowieso keinen Mann für mich, Männer sind sowieso belegt oder blöd."*, dann werden Ihnen Ihre Gedanken die Bestätigung im Leben geben, schon Ihre Wahrnehmung wird dadurch gesteuert werden, Sie werden zum Beispiel auch ausschließlich entsprechende Männer sehen.

Wenn Sie dagegen von sich denken, *„Ich bin eine lebenserfahrene Person, und habe darüber hinaus so vielseitige berufliche Kompetenzen ent-*

wickelt, die mich genau auf diese neue Aufgabe bestens vorbereitet haben", dann werden Sie der neuen Positionierung und dem, was folgt, mit Freude entgegensehen. Oder aufs Private bezogen:

„Ich habe jetzt verstanden, lieber am Anfang die Augen weit aufzumachen, wenn ein neuer Mann in mein Leben tritt, um sie später in der Partnerschaft auch mal zuzudrücken. Außerdem werden gerade in meiner Altersklasse auch immer wieder Männer frei für einen ‚Wechsel' etc."

Ich brauche Ihnen nicht weiter zu erklären, bei welchen Gedanken Sie Ihr neues Glück beruflich wie privat wahrscheinlicher ins Leben ziehen werden, oder eben auch nicht.

Die neuesten Erkenntnisse der Quantenphysik zeigen uns, dass es die Kraft Ihrer Gedanken und Ihrer Überzeugungsmuster ist, die Sie zu dem werden lässt, der Sie sind. Mit Ihren Gedanken und Ihren Überzeugungen beeinflussen Sie nämlich nicht nur sich selbst, sondern Ihr gesamtes Umfeld. Ihre Ausstrahlung wirkt immer, sie ist ein energetisches Feld, das Sie Entsprechendes in Ihr Leben ziehen lässt. Wenn Sie die Bedeutung Ihrer Selbstverantwortung an dieser Stelle erkennen, dann beginnt die bewusste Gestaltung Ihres eigenen Lebens.

Und unseren Gedanken folgen die daraus resultierenden Gefühle fast zeitgleich. Optimistische, positiv bewertende Gedanken werden Sie immer anders fühlen lassen als gegenteilige. Und dieses Gefühl wiederum bringt nicht nur Sie selbst in eine bestimmte Verfassung, sondern sendet auch ins gesamte Universum. Übernehmen Sie also selbst Verantwortung für Ihre Gedanken und werden Sie achtsam! Versuchen Sie, sich auf positive Gedanken, Gefühle und innere Bilder zu konzentrieren.

Sie erinnern sich an das *Resonanzgesetz, das Gesetz der Anziehungskraft.* Es besagt: *„Gleiches zieht Gleiches an"*. Alles, was in Ihr Leben kommt, ziehen Sie selbst in Ihr Leben hinein – mit Ihren Gedanken, Gefühlen und Ihren Vorstellungsbildern! Und Sie ziehen das an, woran Sie glauben, frei nach dem Motto: *„Wie dein Glaube, so geschieht Dir"*. So stand es schon in der Bibel geschrieben. Alle Dinge im Außen sind immer nur die Folge Ihrer meist unbewussten inneren Glaubensannahmen. Sie manifestieren sich in Ihren Lebensumständen. Und Sie kennen sicherlich auch das Phänomen der *self-fulfilling prophecy,* der sich selbst erfüllenden Prophezeiung, womit gemeint ist, dass unser Leben oder bestimmte konkrete Ereignisse sich so entwickeln und ereignen werden, wie wir es selbst erwarten. Wir tragen also selbst dazu bei und haben tatsächlich einen weitreichenden Einfluss auf das Ergebnis, allein durch unsere positive oder negative Erwartung.

Eine in der Medizin sehr bekannte Form der selbsterfüllenden Prophezeiung ist der *Placebo-Effekt.* Placebos sind Präparate, bei-spielsweise Tabletten, die keine medizinisch wirksamen Inhaltsstoffe enthalten. Tritt nach Einnahme eines solchen Placebos eine Verbesserung des Patientenzustands ein, spricht man vom *Placebo-Effekt.* Die Patienten glaubten, ein bestimmtes Medikament genommen und verabreicht bekommen zu haben. Und schon haben sie sich viel besser gefühlt, obwohl die Zuckerpille keinerlei Wirkstoff beinhaltete. Nur weil der Mensch an etwas glaubte, kam die Wirkung zustande. Nutzen Sie diese Erkenntnisse und das Wissen über die Kraft und Intensität Ihres Glaubens für sich und die Verwirklichung Ihrer Vision. Glauben Sie an die schöpferische Kraft in Ihnen!

Wählen Sie daher, auch an Ihren Traum und Ihre Vision zu glauben. Und gehen Sie dann los, jeden Tag! Durch Ihr Tun zeigen Sie, woran Sie wirklich glauben, und Sie bekräftigen Ihren Glauben an Ihre Vision. Wenn Sie wirklich an sich glauben, dann sind Sie schon ein ganzes Stück weiter. Ihr persönlicher Glauben ist super. Aber darüber hinaus brauchen Sie möglichst auch andere Menschen, die an Sie glauben, gerade wenn Sie sich auf einen neuen Weg machen werden, auf dem es Höhen und Tiefen, Herausforderungen, Rückschläge, Umwege und Wellenbewegungen geben wird.

Das können Menschen aus Ihrem Privatleben sein – Partner, Freunde etc. – oder auch ausgewählte Mentoren, Trainer, Coaches, die Sie fachlich auf Ihrem Weg unterstützen können, und eben auch daran glauben, dass Sie es schaffen. Sie brauchen diese stützenden Strukturen und Beziehungen und erleichtern sich damit Ihren Weg. Ihre Verwirklichung hängt auch von Menschen in Ihrer Umgebung ab, natürlich nicht nur in der Form, dass diese an Sie glauben, sondern Sie auch tatsächlich konkret unterstützen. Es gibt kaum eine verwirklichte Vision, an der nicht auch andere Köpfe und Hände beteiligt waren. Machen Sie gerne zunächst eine Bestandsaufname! Reflektieren Sie für *Ihr* eigenes Leben, und schreiben Sie gleich Antworten auf drei Fragen auf:

- Wer sind die Menschen in Ihrem Leben, die an Sie glauben?
- Welche Menschen in Ihrem Leben glauben nicht an Sie? Dann könnte es wichtig sein, mit diesen Menschen weniger oder keine Zeit mehr zu verbringen.
- An welche Menschen glauben Sie?

Im meinem eigenen Leben fühle ich es so, dass die Qualität und Nähe meiner Beziehungen und Freundschaften in direktem Zusammenhang stehen zu dem Ausmaß, wie sehr diese an mich glauben oder ich an sie und ihre Projekte und Wege in ihrem Leben. Glauben verbindet und stärkt!

Kennen Sie den Film *„Rhytm is it"* – ein vielfach preisgekrönter deutscher Dokumentarfilm aus dem Jahre 2004 – der mich vor vielen Jahren sehr berührt hat? Er handelt von 250 Jugendlichen unterschiedlichster Nationen und verschiedener Brennpunktschulen in Berlin, die durch den Glauben eines Choreographen und Tanzpädagogen sowie durch sein Team zu tänzerischen Höchstleistungen auffahren. Obwohl sie ursprünglich absolute tänzerische Laien waren, und nicht vertraut mit Tanz und klassischer Musik. Der Film verfolgt diesen unglaublichen Prozess der Entstehung eines Kunstwerkes, er mündet dann in einer Strawinsky-Ballettaufführung in der Philharmonie Berlin. Der Glaube ihrer Trainer in diese jungen Menschen hatte sie bis dorthin gebracht.

Sofern es sich für Sie stimmig anfühlt, erzählen Sie ruhig auch anderen Menschen, nicht nur Ihren direkten Unterstützern, von Ihrer Vision, Ihren Etappenzielen und Ihren Schritten, die Sie gerade gehen. Damit gehen Sie auch immer in das Gefühl hinein, wie es sein wird, wenn Sie Ihr Ziel erreicht haben. Ihr Gehirn wird dies als Wirklichkeit betrachten, weil es nicht unterscheiden kann zwischen den inneren Bildern und dem Erzählen und der Realität.

Wie Sie bewusst Ihr Unterbewusstsein mental programmieren können

Es gibt noch eine weitere Technik, wie Sie aktiv und bewusst auf Ihr Unterbewusstsein einwirken können, so dass Ihre Wünsche, Träume und Visionen Wirklichkeit werden können. Die möchte ich Ihnen an dieser Stelle noch kurz vorstellen: Es ist die *Bewusste Autosuggestion,* bekannter unter dem Begriff der *Affirmation,* was so viel bedeutet wie, sich selbst mental zu beeinflussen. Damit setzen Sie die immense Schöpferkraft des eigenen Glaubens bewusst und zielgerichtet ein. Eine *Affirmation* ist ein Erinnerungssatz für Ihr Unterbewusstsein. Sie suggerieren sich selbst diejenigen Vorstellungen, die Sie wirklich erleben wollen, Ihre Wünsche, Ihre Ziele, Ihre Träume. Eine Affirmation besagt entschieden, dass etwas schon jetzt so ist, wie Sie es haben wollen. Sie bewegen sich geistig direkt zum Endzustand Ihres Erwünschten, wo alles bereits eingetreten ist. Sie richten Ihre Aufmerksamkeit gänzlich auf das Ziel und lassen an dieser Stelle den detaillierten Weg – wie er Sie zu Ihrem Ziel führt – Sache des Unterbewusstseins sein.

Seien Sie achtsam bei der Formulierung Ihrer Affirmation! Sie sollte sowohl das innere Bild Ihres Ziels als auch das damit verbundene Gefühl, welches Sie sich wünschen, zum Ausdruck bringen und bei Ihnen bewirken. Formulieren Sie positiv, kurz, klar sowie realistisch und erreichbar, und formulieren Sie immer in der Gegenwart. Denn das Unterbewusstsein kennt nur eine Zeit, und das ist die Gegenwart. Und Sie holen damit die erstrebte Zukunft in das Jetzt hinein. Beispiele für Affirmationen:

- *Mit jedem Tag wird mein Körper ausdauernder, stärker und beweglicher.*
- *Ich gebe meinem Körper das, was er benötigt.*
- *Ich bin ein mutiger, gelassener und selbstsicherer Mensch.*
- *Ich verfüge über die nötigen Mittel und Fähigkeiten, um in meinem Projekt erfolgreich zu sein.*
- *Ich bin kreativ und kann meine Ideen erfolgreich umsetzen.*
- *Mein Buch schreibt sich leicht, klar und verständlich.*
- *Ich ziehe die Menschen in mein Leben, die mir guttun.*
- *Ich bin glücklich verheiratet.*
- *Ich bin dankbar für meinen liebevollen Partner und meine Familie.*

Ugi Müller beschreibt diese Techniken in seinem Buch *„Mühelos manifestieren"* sehr leicht verständlich, und so kann ich Ihnen dieses Buch sehr empfehlen, wenn Sie sich hierin vertiefen wollen. Zudem fasst er die *Spezialisten der modernen bewussten Autosuggestion,* wie zum Beispiel Coué und Murphy, hervorragend zusammen. Er betont in seinem Buch zwei wichtige Punkte in Bezug auf die bewusste Autosuggestion: die *„Beständigkeit"* und die *„Mühelosigkeit"* (vgl. Buch-titel!). Mit *Beständigkeit* meint er die tägliche, stetige und vielfach wiederholte (z. B. 20-mal) Suggestion des Erwünschten, die am Verstand vorbei auf unser Unterbewusstsein wirkt, und nur dadurch so wirksam ist. Das Unterbewusstsein braucht die Wiederholung. Aber achten Sie schon beim Sprechen darauf, sei es laut oder leise, dass Sie die Worte nicht herunterleiern, sondern Sie das Gesagte auch fühlen und der Stimmigkeit des Gesprochenen glauben! Ähnlich wie es Menschen beim Beten tun, handelt es sich um ein energetisches

Ausrichten auf das Erwünschte. Die *Mühelosigkeit* bezieht Ugi Müller darauf, wie die Methode ausgeführt wird, nämlich ohne (Willens-) Anstrengung. Diese beiden Qualitäten machten den Erfolg aus.

Affirmationen brauchen immer auch geeignete Rahmen-bedingungen. Wesentlich für die Anwendung und Wirksamkeit dieser Methode ist der *Dämmerzustand,* in dem Sie sich währenddessen befinden sollten, damit sie wirksam ist. Ein Zustand der körperlichen und seelischen Tiefenentspannung, in dem die Gehirnfrequenzen sich in den langsameren Frequenzen des Alpha- und Thetazustands befinden. Und das sind bestimmte Tageszeiten (vgl. meine Ausführungen bei der *Visionscollage*): morgens vor dem Aufstehen und abends vor dem Einschlafen. Wenn Sie bereits Ihre Augen schließen und Ihre Gedanken ganz nach innen gerichtet sind, befinden Sie sich auch bereits im Alphawellenbereich, und ebenso in der Meditation. Hier haben Sie Zugang zu Ihrem Unterbewusstsein.

Ugi Müller beschreibt, wie Sie die bewusste Autosuggestion sowohl auf konkrete Wünsche ausrichten können, z. B. Ihre Traumfrau, Ihre Traumwohnung, Ihre neue Arbeitsstelle, als auch auf Ihr Leben im Allgemeinen. Bei der konkreten Visualisierung geht es aber ganz und gar nicht um das detaillierte Bild, z. B. wie genau der gewünschte Traumpartner aussehen wird, sondern um das Gefühl, was Sie in diesem erfüllten Daseinszustand z. B. mit der Traumpartnerin oder dem Traumpartner haben, welche innere Qualität und Gefühle diese erfüllten Wünsche bei Ihnen hervorrufen, z. B. Lieben, geliebt werden, Entspannung, aufgehoben sein. Anders ausgedrückt: Es geht um die erwünschte Qualität und nicht um die konkrete Form.

Um im Allgemeinen ein gelassenes, kreatives und erfülltes Lebensgefühl zu entwickeln, bietet er die *„Allgemeinformel von Coué"* an, z. B. mit den Worten: *„Tag für Tag auf jede Art geht es mir besser und besser"* oder: *„Ich vertraue auf die unendliche Intelligenz in mir, die mich in sämtlichen Lebensbereichen erfüllt."* Und dann braucht es Ihr Vertrauen, Ihr Ziel auch erreichen zu können. Glauben Sie Ihrem Unterbewusstsein! Das mentale Gesetz der Anziehung lehrt, wie unbedingt notwendig es ist, dass Sie Ihre Ziele visualisieren und an ihre Realisierung glauben, um sie zu erreichen. Innere Ruhe und Gelassenheit führen Sie zu einem tiefen Vertrauen, dass alles gut werden wird, genau so, wie es kommt. Und was es sonst noch alles braucht auf Ihrer *Heldenreise,* um Ihr inneres Licht zum Leuchten zu bringen, darum wird es im nächsten Kapitel gehen.

Wie Ihr Diamant erstrahlt

Schon die alten Märchen, Mythen und Sagen zeigen uns, dass Umsetzungswege holprig sind und Täler durchschritten werden müssen, Dämonen und Drachen zu überwinden sind. Sie erzählen von dem Weg des Helden und einem schwer zugänglichen Schatz, den ein Drache bewacht. Diesen Schatz zu finden und den Drachen zu besiegen, ist die besondere und lohnenswerte Aufgabe, damit das Leben fortschreiten kann. Die Konstellation ist immer ähnlich: Der Held hat bereits Ja zum neuen Abenteuer gesagt, hat sich die Ziele gesetzt und setzt alles dran, sie auch zu erreichen. Und er weiß, dass es nur einen Weg gibt, nämlich dass er durch das Dunkel und die Gefahr hindurch muss, um seinen Schatz zu finden. Er hat immer wieder neue Schwellen und Hürden zu überwinden auf seiner Heldenreise.

Sie können das Muster dieser Geschichten symbolisch auf alles anwenden, was mit Veränderungen, Transformation, persönlicher Entwicklung und innerem Wachstum zu tun hat. Lassen Sie sich von ihnen ermutigen! Denn auch Ihre Heldenreise wird mal von Herausforderungen, Krisen und Frustrationen begleitet sein. Erfolgskurven sind nicht ausschließlich steil – nach oben. Am Ende des Tunnels erwartet Sie aber Ihr innerer Schatz, Ihr *Diamant,* der zum Strahlen kommen will. Und Diamanten finden zu ihrem besonderen Glanz gerade erst durch viel Reibung und Schliff, und sie werden erst dann zu echten Unikaten. Freuen Sie sich auf den Glanz und das Strahlen in Ihren Augen, wenn Sie von Ihrem neuen Weg erzählen – und später dann auch vom zurückgelegten Weg!

Sind Sie bereit, sich Ihren besonderen Herausforderungen zu stellen und sich auch schleifen zu lassen, selbst wenn's mal unangenehm wird und weh tut? Gehen Sie davon aus, dass Stolpersteine auftauchen und Sie auch hinfallen werden. Aber Sie können wieder aufstehen! Niederlagen und Gefühle der Ohnmacht prüfen Ihre Entschlossenheit und Zähigkeit, dran zu bleiben. Nehmen Sie sie als Geschenk und Gelegenheit, daran persönlich wachsen und sich verbessern zu können. Sie werden gerade durch diese vermeintlichen Verzögerungen zu neuen Erkenntnissen und Einsichten kommen, und Ihren Weg immer wieder danach anpassen können. Entspannen Sie sich bei dem Gedanken, dass auch Sie geschliffen werden vom Leben und den Herausforderungen, die auf dem Weg zu Ihrem Traum liegen werden, ganz besonders wenn er außerhalb Ihrer Komfortzone gewählt ist. Was aber sind denn die größten Hindernisse, Widerstände und Hürden auf Ihrem Erfolgsweg? Was könnten Ihre persönlichen *Dämonen und Drachen* sein?

Ihre persönlichen Hindernisse und Widerstände auf Ihrem Erfolgsweg

Es ist meine tiefste Überzeugung, dass die größten Hürden auf Ihrem Weg zum Erfolg *nicht* vor allem die äußeren Umstände sind. Ihre größten Widerstände und Hindernisse liegen *in Ihnen* selbst. Lassen Sie mich näher auf diese Begrenzungen eingehen. Einer der größten Widersacher auf Ihrem Erfolgsweg sind Sie selbst, Ihr kleines *altes Ich,* Ihre alten, falschen und überholten Selbstbilder; Ihre Vorstellung von sich selbst, wie Sie sich betrachten, wie Sie sich definieren; Ihr Bild von dem, was Sie können und was nicht, was Ihnen zusteht und was nicht; was Sie für möglich halten und was nicht. Ihr Selbstbild besteht aus Glaubenssätzen, Erinnerungen, alten Erfahrungen und Verhaltensmustern.

Gehen Sie Ihrem persönlichen Selbstbild auf die Spur, gerade in Bezug auf Ihre Vision und Ihre Ziele! Werden Sie sich Ihrer inneren Selbstbilder bewusst, denn erst dann können Sie diese verwandeln. Prüfen Sie für sich selbst, ob und wie diese alten Selbstbilder mit Ihrem jetzigen Weg zu Ihrer Vision zusammenpassen – oder wo nicht. Denn Sie wissen ja bereits: Sie können immer nur das erschaffen und das erreichen, was in Übereinstimmung mit Ihren inneren Bildern ist

– in diesem Fall mit Ihrem *inneren Selbstbild.* Und das bestimmt nicht nur, ob Sie überhaupt Ihre Ziele erreichen können, sondern auch, wie Sie diese erreichen werden, auf welchem Weg, und auch, wie anstrengend dieser Weg sein wird etc.

Wenn Sie immer noch einem alten Selbstbild nachhängen, z. B. dass Sie meinen, sich sprachlich nicht ausdrücken zu können, dann brauchen Sie sich nicht zu wundern, wenn dies Ihnen bei der Formulierung in Ihren Präsentationen im Beruf im Wege steht. Oder wenn Sie zuhause die Erfahrung verinnerlicht haben *„Wenn ich mich in meiner ganzen Kraft zeige, bin ich den anderen zu viel und werde sanktioniert"*, dann steht Ihnen dies als massive Bremse im Weg, wenn Sie Ihr volles Potenzial und sich selbst in ganzer Kraft leben wollen. Schauen auch Sie, wo Ihre inneren Verhinderer noch in Ihnen wirken. Welche alten überholten Selbstbilder wollen Sie ersetzen durch neue? Welche Geschichte wollen Sie neu über sich schreiben, und wie wollen Sie Ihren weiteren Weg gehen?

Ähnlich wie bereits im letzten Kapitel *„Der Platz Ihrer Entfaltung"* beschrieben, ist es auch sehr wichtig, Ihre inneren Dialoge sorgfältig zu beobachten. Zum Beispiel wenn diese allzu streng und verurteilend ausfallen, wenn Sie sich in den *Wenns und Abers* und Ihren Zweifeln verlieren, warum etwas nicht möglich zu sein scheint, wenn Ihre Ängste überwiegen und die *„Ich kann nicht"*-Selbstinstruktionen Ihren Erfolg verhindern könnten. Sie können solch eine negative Affirmation verstehen als eine kleine Selbstsabotage Ihres Egos, um Ihr Wachstum zu verhindern. Oder hinter Ihrem *„Ich kann nicht"* steckt ein *„Ich will nicht"*. Dann erkennen Sie dies an und fragen Sie sich, warum Sie es nicht wollen.

Ihre inneren Widerstände sind aber auch wichtige Wegweiser, und sie treten ja gerade deswegen auf, weil Sie sich hinausbegeben aus der gewohnten, eingefahrenen und bekannten Version Ihres Selbst. Wenn Sie diese Widerstände einfach unterdrücken und bekämpfen, machen Sie sie nur noch größer, ganz nach dem physikalischen Phänomen *„Druck erzeugt Gegendruck"*. Nehmen Sie sie stattdessen an, und hören Sie auf das, was Ihre Widerstände Ihnen sagen wollen.

Durch das Bewusstwerden, Annehmen und – wenn möglich – auch Verwandeln Ihrer inneren Widerstände erschaffen Sie sich leichtere, bessere (innere) Bedingungen auf Ihrem Weg.

Gerade wenn Sie auf Ihrer Heldenreise mitten in einer Krise feststecken, können Sie sich aber immer auch im Außen Hilfe holen durch Menschen, die Sie unterstützen, zum Beispiel Ihre Liebsten und Ihre Freunde, oder auch besondere, kompetente Mentoren mit entsprechender Fachkompetenz für Ihr Anliegen. Vertrauen Sie jedoch darauf, dass Sie viele Antworten für Ihre akuten Fragen, wie es gerade weitergehen kann, auch in sich selbst finden können. Begeben Sie sich an *Orte des Seins und des Empfangens,* so wie ich Sie Ihnen im Kapitel *„Entdecken Sie Ihre Träume und Visionen"* beschrieben habe. Dort können Sie sich mit Ihrer Intuition, Ihrem Bauchgefühl verbinden und wichtige Botschaften über das, was zu tun ist, und über Ihre nächsten Schritte empfangen. Denn das Wissen aus Ihrem Unterbewusstsein ist wesentlich komplexer und kreativer, als es dem bewussten Teil Ihres Verstandes möglich ist. Gehen Sie in diesen Räumen auf Empfang und achten Sie auf die Signale Ihres Körpers, Ihrer Gefühle und Ihrer Gedanken. Vertrauen Sie sich selbst und Ihrer persönlichen Antenne zu Ihrer Weisheit! Schreiben Sie Ihre Einfälle gleich auf, und lassen Sie sie wirken. Später können Sie prüfen, was Sie genau davon umsetzen wollen. Aber es gibt noch eine besondere innere Quelle, die Sie um Unterstützung bitten können: Das sind Sie selbst in Ihrer *zukünftigen Version.*

Ihr zukünftiges Selbst und andere Berater aus Ihrem inneren Raum

Gerade wenn Sie mitten auf Ihrem Erfolgsweg mal feststecken und nicht gleich weiterwissen, könnten Sie sich von Ihrem weiseren Ich – Ihrem *zukünftigen Selbst* – zu Ihrer Gegenwart und dem, was ansteht, beraten lassen. Dieser Berater aus der Zukunft ist insofern weise, weil er diesen Weg bereits erfolgreich gegangen ist, und Ihnen aus der Perspektive Ihres Ichs im erreichten Zustand Ihres Traums oder Ihrer Version mitteilen kann, was jetzt gerade wichtig zu tun ist. Ihr *zukünftiges Selbst* spricht ja als eine freiere, schönere, friedlichere und gelassenere Version Ihres Selbst zu Ihnen. Denn es ist bereits dort angekommen, wo Sie sich hinsehnen. Es bestätigt Ihnen, dass das, wonach Sie sich sehnen, bereits in der Zukunft existiert. Das trägt bereits sehr zur Entspannung bei.

Sprechen Sie mit sich selbst und fragen Sie Ihr *zukünftiges Selbst,* was zu tun ist, was gerade zu berücksichtigen ist, worauf Sie achten sollten, was Sie riskieren sollten und was nicht, was der nächste wichtige Schritt ist … Vielleicht können Sie in dieser Begegnung fühlen, wie Sie von Ihrer eigenen inneren Weisheit geführt werden. Vielleicht aber hören Sie Ihr *zukünftiges Selbst* auch einfach nur sagen, dass Sie vertrauen können, dass genau die richtigen Aufgaben und Herausforderungen kommen werden, die Sie dann auch bewältigen können. Und Sie haben wieder eine Portion mehr Gelassenheit auf Ihrem Weg. Setzen Sie sich hin, schließen Sie die Augen und stellen Sie sich Ihr zukünftiges Selbst in einer bestimmten fortgeschrittenen Zeit vor! Sprechen Sie mit ihm und lauschen Sie den Antworten. Lassen Sie sich überraschen, ganz besonders von seiner Weisheit. Und fühlen Sie diese Zeitlosigkeit!

Alternativ können Sie sich Ihre Antworten auch als Brief schreiben – aus der Perspektive Ihres *zukünftigen Ichs* an Ihr *heutiges Ich.* Geben Sie sich auch auf diesem Wege selbst Hilfe und Unterstützung durch die Zeit hindurch …

Schließlich haben Sie auch die Möglichkeit, sich in Ihren *inneren, fiktiven Raum* ausgewählte Personen einzuladen, die Sie befragen wollen. Und zwar Ihre persönlichen *inneren Meister,* die Sie besonders schätzen, bewundern, und von denen Sie glauben, dass Sie schon weiter gegangen sind als Sie selbst, und Sie daher auf besondere Weise gut beraten können auf Ihrem jetzigen Weg. Das können Personen und Vorbilder aus der ganzen Welt sein, die Ihnen gar nicht persönlich bekannt sein müssen, wie z. B. bestimmte Politiker oder Schauspieler. Oder Sie wählen sich Personen aus Ihrem engeren familiären

Kreis aus, die Sie besonders wertschätzen, auch in ihrer Einschätzung zu Ihrem Anliegen. An dieser Stelle haben Sie natürlich auch die Möglichkeit, verstorbene Personen zu befragen, wie z. B. Ihre heißgeliebte Oma, oder Nelson Mandela oder Jesus, wen auch immer.

Angewandtes Gesetz der Anziehung – die Meisterklasse

Wenn es darum geht, leicht, einfach, ohne Anstrengung oder gar elegant zu manifestieren, d. h. Ihre Vision auch wirklich umzusetzen, dann will ich Ihnen nun noch ein weiteres wichtiges Prinzip vorstellen. Es geht um Ihre Haltung und Ihre innere *Schwingung,* mit der Sie sich auf das Ziel fokussieren und zubewegen. Die meisten Menschen begehen nämlich den Fehler, aus einer inneren Frequenz des Mangels und der Bedürftigkeit heraus verwirklichen zu wollen, sozusagen als *Bettler,* der in der Zukunft etwas braucht – Geld, Erfolg, Liebe, Freundschaften etc. Stattdessen empfehle ich Ihnen, sich in diejenige Schwingungsfrequenz zu begeben, in der Sie sich befinden werden, wenn Sie bereits angekommen sind an Ihrem Ziel. Den Hintergrund des Ganzen werde ich Ihnen im Folgenden an Beispielen erklären.

Wie bereits beschrieben besagt das *Gesetz der Anziehung,* dass Sie genau das anziehen, wer oder was Sie sind. Und nicht, wer Sie gerne sein möchten, was Sie gerne haben möchten, und was Sie sich wünschen. Im Gegenteil, solange Sie aus Angst und aus dem Gefühl heraus handeln, dass Sie noch nicht haben, was Sie brauchen, können Sie tun, was Sie wollen – Sie werden es nicht bekommen! Sie sollten sich darüber hinaus an dieser Stelle bewusst werden, dass alles, was Sie brauchen, bereits in Ihnen vorhanden ist, z. B. Liebe, Kraft, Wertschätzung, Wohlstand und Gesundheit, und sich mit dieser Vollständigkeit wieder verbinden. Dann gibt es keinen Grund mehr, darum zu kämpfen.

Auf Ihr gewünschtes Ziel, Ihren Traum bezogen bedeutet das, dass Sie sich auf der Frequenz und Schwingungsebene befinden sollten, die mit Ihrem Erwünschten übereinstimmt. Es geht um das, was Sie im Bewusstsein jetzt *sind,* was Sie jetzt gerade ausstrahlen, was und wie Sie sich fühlen. Ausstrahlung ist nicht messbar und zu beweisen – die Aura-Fotografie mal ausgenommen, bei der das persönliche Energiefeld, sprich die Aura, durch eine farbliche Darstellung sichtbar gemacht wird. Aber jeder von uns spürt sie instinktiv vor allem bei anderen Menschen. Sie vermittelt uns ihre Stimmung, ihre Energie und das, was sie fühlen. Sie und die anderen Menschen strahlen immer – wie ein Radiosender – in Ihre Umgebung aus, sei es mit der Schwingung, z. B. der Freude, der Dankbarkeit und Liebe oder den eher niedrig schwingenden Frequenzen von Zweifel, Neid, Gier, Angst, Scham oder Schuld. Wenn diese Frequenzen und Schwingungen ausstrahlen, bedeutet das auch, dass sie wie unsichtbare Magnete ähnliche Schwingungen, Energien und Qualitäten anziehen.

Aber ich will Ihnen an dieser Stelle keinesfalls vermitteln, dass Sie nur noch in positiver Schwingung herumlaufen sollen, oder immer nur so tun, als wären Sie super gelaunt und in bester Verfassung. Das geht natürlich nicht und soll auch nicht so sein! Angenommen, Sie sind noch im Groll gegenüber einer Freundin, weil Sie sich sehr verletzt fühlen, oder Sie spüren die Ohnmacht einer so unglaublich ungerechten Behandlung durch Ihren Chef, dann ist es nicht der Weg, diese Gefühle einfach wegzuwischen, sie zu unterdrücken und so zu tun, als seien Sie nur strahlend und voller Freude. Bestimmte vermeintlich negative Gefühle wie Angst, Wut, Ohnmacht, Verzweiflung wollen angenommen, verstanden und integriert werden. Erst dann kann das Feld auch wieder frei werden für das, worauf Sie sich positiv ausrichten wollen. Dann können Sie die Frequenz wählen, die Sie sich wünschen, z. B. Liebe, Freude, Leichtigkeit. Begeben Sie sich bereits genau auf diese Schwingung! Beherzigen Sie auf diese Weise Gandhis Worte: *„Sei Du die Veränderung, die Du in der Welt sehen willst."*

Wie aber können Sie Einfluss nehmen auf Ihre Frequenzen? Wie können Sie sich selbst unterstützen dabei, in Ihre gewünschte Schwingung zu kommen? Auch hier ist Ihr Bewusstsein ein erster Schritt, und dann natürlich Ihre bewusste Wahl, sich in eine positive Schwingung begeben zu wollen. Wenn es Ihnen auf diesem Weg nur schwer gelingt, empfehle ich Ihnen, sich an einen Zustand und Moment in Ihrem Leben zu erinnern, in dem Sie sich z. B. in der Freude, in der Liebe, in der Fülle gefühlt haben. Stellen Sie sich diese Situation noch einmal ganz konkret bildlich vor, gehen Sie ganz hinein in das alte Bild und nehmen Sie dieses alte Gefühl wieder in sich auf!

Darüber hinaus haben Sie die Möglichkeit, sich ganz bewusst durch bestimmte Musik, durch bestimmte Filme etc. in gute Schwingungen zu bringen. Achten Sie darauf, mit welchen Medien Sie sich umgeben und auseinandersetzen, und was diese bei Ihnen bewirken. Wählen Sie das Nährende, die positiv aufladenden Energien! Und schließlich liegt ein entscheidender Einfluss auf Ihre persönlichen Frequenzen darin, mit welchen Menschen und mit welchen Frequenzen dieser Menschen Sie sich umgeben. Wählen Sie bewusst aus, und schauen Sie, wie diese Menschen zu Ihren Visionen und konkreten Zielen passen, und ob diese der Entfaltung Ihres Potenzials förderlich sein können. Unterstützen Sie sich in Ihren eigenen Frequenzen, indem Sie sich in bestimmte soziale Felder begeben, die Sie stärken. Wählen Sie bewusst aus! Am besten umgeben Sie sich natürlich mit Menschen, die diese positiven, gewünschten Schwingungen verkörpern, und die zu Ihrem aktuellen Anliegen passen und ihm förderlich sind.

Zugegeben, das Ganze ist ein gewisses Paradox der Schöpfung: Um etwas anzuziehen, was Sie jetzt noch gar nicht haben in Ihrem Leben, z. B. die langersehnte Liebesbeziehung oder finanziellen Wohlstand, müssen Sie sich innerlich bereits auf diese Schwingungsfrequenzen begeben, so als seien Sie bereits angekommen. In diesem Fall auf die Frequenzen von Liebe bzw. Reichtum und Großzügigkeit. Denn Liebe kann nicht dort Einzug halten, wo niedrig schwingende und negative Frequenzen wie Wut, Groll, Neid, Gier oder Schuldzuweisungen und Verachtung des anderen Geschlechts vorherrschen. Und in einem Bewusstsein und einem Erleben, dass keine Wohlstandsschwingung hat, kann Wohlstand nicht eintreten.

Paradox ist es auch insofern, als noch ein zusätzlicher Effekt eintritt: Je mehr Sie sich z. B. auf diese Liebesschwingung begeben, desto weniger haben Sie dann das Gefühl, dass Sie diese im Außen unbedingt brauchen. Und das hat eine erstaunliche Wirkung: Ich kenne so viele Menschen, die sich über lange Zeit eine Liebesbeziehung gewünscht und ersehnt haben. Der Traummann oder die Traumfrau sind aber genau in dem Moment ins Leben getreten, als sie weder damit gerechnet haben noch darauf fokussiert gewesen sind. Und es genau diesen Menschen auch ohne einen Partner an ihrer Seite einfach nur gut ging, sie sich ihres Lebens freuten und auch in einer positiven Liebesschwingung waren.

Was bedeutet das nun für Sie, angenommen Sie haben genau diesen Wunsch? Leben, denken, bewegen und handeln Sie genau so, als wäre Ihr Wunsch bereits in Erfüllung gegangen. Fühlen Sie sich in der Liebe! Lieben Sie sich selbst so sehr, als wären Sie bereits mit der *Liebe Ihres Lebens* zusammen. Damit aktivieren Sie sozusagen die Schwingung Ihrer gewünschten Vision. Gehen Sie es ruhig ein wenig spielerisch an. Wie würden Sie die Straße entlanglaufen, wenn Ihr Ziel bereits in Erfüllung gegangen wäre? Wie würden Sie sich kleiden, auch wenn es vielleicht oberflächlich und banal klingt? Schaffen Sie bereits Platz für Ihren ersehnten Liebsten in Ihrem Schlafzimmer. Denn damit bringen Sie im wahrsten Sinne des Wortes zum Ausdruck, dass es auch Raum für einen Mann/eine Frau an Ihrer Seite gibt.

Vergleichbare persönliche Experimente können Sie auch in ganz anderen Lebenssituationen mit anderer Zielsetzung wagen: Stellen Sie sich Situationen mit bestimmten Menschen vor, in denen Sie bislang immer sehr angespannt waren und in denen Sie von diesen Menschen überaus genervt waren. Und dann entscheiden Sie sich, es mal anders auszuprobieren. Wählen Sie ganz bewusst, diesen Menschen beim nächsten Mal mit einer Frequenz von *Wohlwollen, Großzügigkeit, Toleranz und Wertschätzung* entgegenzutreten. Schauen und erleben Sie, was passiert. Lassen Sie sich überraschen!

Aber Achtung: Geben Sie nicht, damit Ihnen gegeben wird, denn das würde das alte Bild vom jetzigen Mangel nur weiter bestätigen! Geben Sie aus dem Bewusstsein des Habens und der Fülle – Ihrer eigenen Vollständigkeit – heraus, dann werden Sie die Frequenz der Fülle verkörpern und entsprechendes in Ihr Leben ziehen.

Wie dieses Prinzip im beruflichen Bereich wirken kann, zeigt die eigene Geschichte von Derek Rydall, Autor und Lebenscoach, wie er sie in seinem Buch *„Entfalte die Kraft deines Seelenplans"* erzählt. Rydall war ursprünglich Schauspieler. Zu einer Zeit, als er gerade ohne Aufträge zum Brotverdienst als Kellner beschäftigt war, erkannte er seine Bestimmung: Er wollte seine kreativen Talente dazu nutzen, andere Menschen zu inspirieren und zu transformieren.

Er praktizierte das Prinzip, das scheinbar Fehlende zu geben, indem er seinen Dienst als Kellner jeden Tag so antrat, als wäre es sein Traumjob – in der Absicht, der Mensch zu sein, der er wäre, wenn er seine Bestimmung lebte. Er erbrachte einen hervorragenden, exquisiten und zuvorkommenden Service in einem mittelmäßigen Restaurant. Er hörte auf zu jammern und mit den anderen Kellnern über die Gäste zu meckern. Er konzentrierte sich darauf, dankbar zu sein, Spaß zu haben, Freude und Leidenschaft zu wecken und jeden, mit dem er Kontakt hatte, mit größter Hochachtung zu behandeln. Schritt für Schritt gab er immer mehr Charaktereigenschaften zum Ausdruck, die mit seiner höheren Vision übereinstimmten, und legte Verhaltensweisen ab, die ihr nicht entsprachen. Von den Gästen bekam er dementsprechend die beste Rückmeldung plus die höchsten Trinkgelder. Im Laden – beim Geschäftsführer und den Kollegen – stieß er allerdings auf Widerstand, am Ende folgte die Kündigung. Rydall selbst sah es so, dass sein Umfeld ihm in seiner Schwingung nicht mehr folgen konnte. Tatsächlich bekam er innerhalb kurzer Zeit einen Job als Trainer und Redner und wurde bald zum hofierten Gast in Spitzenrestaurants innerhalb seiner neuen Tätigkeit. Handeln aus dem Gefühl, dass es real war, führte schließlich dazu, dass es Realität wurde.

Auch Sie haben immer bereits im Bestehenden die Möglichkeit, sich als der Mensch zu zeigen und zu beweisen, der Sie sein wollen, bzw. Ihrer Vision nach sein können. Laufen Sie Ihren Weg bereits in der *Siegerfrequenz!* Wenn Sie das Beschriebene im Tiefsten Ihres Inneren verstanden haben und leben können, dann werden Sie gleich in zweifacher Hinsicht reich beschenkt. Das erste große Geschenk ist das einer großen *inneren Freiheit und Autonomie.* Wenn Ihre Frequenzen und Ihre Schwingungen nicht mehr abhängig sind von den äußeren Umständen, verlieren diese die Macht über Sie. Sie können sich dann auf eine Frequenz, z. B. von Liebe, Freude, Vergebung, Vertrauen und Dankbarkeit, begeben, ohne etwas im Außen zu brauchen – sozusagen grundlos. Sie können sich in einer guten, positiven Schwingung oder Frequenz wohlfühlen, auch wenn im Außen *nicht* alles Ihren Wünschen entspricht.

Sie haben dann die Wahl, in welcher Frequenz Sie in die Welt strahlen wollen. Es ist dann wundervoll, wenn der Geliebte kommt, aber Sie brauchen ihn nicht. Sie freuen sich immer noch über die Gehaltserhöhung und das neue Auto, aber sie fühlen sich auch ohne diese Umstände reich. Sie manifestieren dann aus der Freude, und nicht aus der Bedürftigkeit heraus. Sie gewinnen damit größere Unabhängigkeit von den Menschen Ihrer Umgebung, indem Sie bei sich bleiben (können), auch wenn die anderen sich in einer Weise verhalten, die Ihnen nicht genehm ist oder Ihnen nicht gut tut. Sie müssen dann aber gar nicht mehr die Umstände ändern oder darauf warten, dass diese sich ändern. Diese Lebensweise unterstützt Sie auch darin, sich selbst treu und damit frei zu bleiben. Freuen Sie sich auf diese große Freiheit in Ihrer Wahl!

Es wartet aber noch ein weiteres großes Geschenk auf Sie: Wenn Sie sich auf Ihre gewünschte Frequenz, z. B. von Liebe, Reichtum, Freude eingestimmt haben, dann werden Sie genau das im Außen noch mehr anziehen und vermehren. Ein wahres Gefühl von Selbstwirksamkeit, Souveränität und Schöpferdasein für *Ihr* Leben. Und dann sind Sie in der Fülle, und nicht mehr im Mangel. Gerade weil Sie es im Außen nicht mehr brauchen, ziehen Sie es an. Genießen Sie Ihre Schwingungen und Ihre Geschenke, die Sie sich selbst damit bereiten. Sie beschenken allerdings nicht nur sich selbst in Ihrem Wohlgefühl, sondern immer auch Ihre ganze Umgebung, die Welt um Sie herum. Ihr persönlicher Sender, wie Sie denken und handeln, strahlt in Ihre Umgebung hinaus – in Ihre Familie, in den Beruf und auf andere Schauplätze. Verschenken Sie sich – zum Wohle aller!

Ganz besonders dann, wenn Sie Ihre Vision manifestiert haben, werden Sie Ihre Energiewelle von Selbstvertrauen und Freude freisetzen und andere Menschen damit inspirieren, berühren und deren Horizont erweitern. Ein Dienst an die Menschen und das Leben!

Und das Leben bleibt nicht stehen, sondern bedeutet auch dann weiterhin Fluss und Wandel. Der Titel des nächsten Kapitels *„Im Fluss bleiben"* verrät, um was es gehen wird.

Im Fluss bleiben

Wir sind am Ende des Buches – im letzten Kapitel – angekommen. Sie haben eine Basis dafür geschaffen, dass sich Ihre Vision oder Ihr Traum erfüllen, und Sie können sehr glücklich darüber sein. Dann gibt es wahrlich Grund zu feiern. Herzlichen Glückwunsch! Gönnen und würdigen Sie Ihren Erfolg. Feiern Sie Ihr persönliches Fest.

Aber auch und gerade, wenn Sie Ihr großes Ziel noch nicht erreicht haben und sich Ihr Traum noch nicht verwirklicht hat, hilft Ihnen eine Zeit zum Innehalten, zum Bilanz ziehen und zum Reflektieren. Es lohnt sich, nochmals genau und wohlwollend hinzuschauen, was Sie erreicht oder was Sie noch nicht haben und wo Sie jetzt stehen.

Zeit zum Innehalten und Bilanz ziehen

Wenn Sie Ihren Weg tatsächlich erfolgreich gegangen sind, dann betrachten Sie auch Ihre *eigene Entwicklung*, die Sie genommen haben auf dem Weg dorthin. Denn alle Erfolgswege sind immer auch Wege eines inneren Wachstums.

- Wer sind Sie jetzt?

- Wohin haben Sie sich entwickelt?

- In welchen Bereichen Ihres Lebens sind Sie persönlich an den Aufgaben und Herausforderungen gewachsen?

- Welche wertvollen Erkenntnisse haben Sie gewonnen?

- Welche neu erworbenen und gewonnenen inneren Qualitäten oder Fähigkeiten wollen Sie mitnehmen in Ihre nächsten Schritte?

Und dann schauen Sie auch noch mal auf das *Wie* Ihres zurückgelegten Weges, auf die Qualität dieser Wegstrecke.

- War Ihr Weg eher leicht oder eher schwer?

- Hatten Sie wirklich Freude auf dieser speziellen Reise zu Ihrem Ziel oder Ihrem Traum?

- Konnten Sie den Weg zur Vision genießen, bei allen Herausforderungen und Überraschungen, die diesen Weg vielleicht auch begleitet haben?

- Konnten Sie Ihre Gaben, Fähigkeiten, Kompetenzen und Ressourcen einbringen?

- Was ist Ihnen richtig gut gelungen auf Ihrem Weg?

- Worauf können Sie besonders stolz sein?

- Welche Schwächen haben sich gezeigt?

- Welche Fehler sind Ihnen unterlaufen, gibt es Muster von ähnlichen Schleifen eines vermeintlichen Umweges? Was konnten Sie daraus lernen?

Und wenn Sie zum jetzigen Zeitpunkt und an dieser Stelle noch keinen Erfolg feiern können, weil Sie sich Ihren Traum oder Ihre Vision (noch) nicht oder nicht in der gewünschten Form erfüllen konnten, dann ermutige ich Sie, die Botschaft genau dieser Erfahrung zu erfassen und sich folgende Fragen zu stellen:

- Geht es für Sie vielleicht darum, sich von diesem Traum zu verabschieden und diese Vision ganz loszulassen, sich neu auszurichten?

- Heißt das, sich an dieser Stelle und in dieser einen Vision in der *Kunst des Scheiterns* zu üben, wie der erfolgreiche Liedermacher Konstantin Wecker es im Titel eines seiner Bücher so mutmachend ausdrückt?

- Welche wichtigen Erfahrungen konnten Sie machen, selbst wenn der Weg äußerlich in eine (vermeintliche) Sackgasse führte?

- Hat dieser Weg Sie vielleicht ganz woanders hingeführt, wo sich wieder neue ungeahnte Tore öffnen?

- Wie können Sie diese Erlebnisse verwerten für neue, weitere Schritte in Ihrem Leben?

- Oder bedeutet diese nicht erfüllte Vision für Sie vielmehr, nochmals Details Ihrer Vision oder bestimmte Zwischenschritte neu zu überprüfen, sie den gemachten Erfahrungen anzupassen, Kurskorrekturen vorzunehmen und/oder Ihre Vision wesentlich zu verändern und neu zu formulieren?

Gönnen Sie sich ein wenig Zeit und Muße für diese Reflexion und Ihre persönliche Bilanz. Schreiben Sie es auf! Das fördert Ihr Bewusstsein für die Essenz Ihrer zurückgelegten Route, für das erreichte Level Ihrer dazugewonnenen Weisheit. Und erfreuen Sie sich an den wichtigen Erfahrungen und Erkenntnissen, welche Sie bei der Umsetzung Ihrer Vision oder Ihres Traums gemacht haben. Diese sind in jedem Fall sinnvoll gewesen, selbst wenn Ihre Vision sich nicht genau so erfüllt haben sollte, wie Sie es sich ursprünglich vorgestellt haben, oder diese sich im Laufe der Zeit mehr oder weniger stark verändert hat. Stärken Sie sich in dem Gefühl, etwas Wichtiges einmal durchlaufen, bewirkt und erreicht zu haben. Dieser Zyklus hat Sie weiser, wacher und stärker gemacht. Nehmen Sie dieses Gefühl und diese Kraft mit in Ihr weiteres Leben, es wird dynamischer und fließender werden!

Im Fluss Ihres Lebens

Wenn ein Zyklus zu Ende geht – Ihr Traum oder Ihr Ziel sich erfüllt haben – ist das immer auch ein Moment des Neuanfangs. Ihr Traum will gelebt sein, ruft nach weiteren, nächsten Schritten, die gegangen werden wollen. Er will den immer wieder neuen Bedingungen angepasst werden. Stellen Sie sich vor, Sie haben Ihre Traumwohnung, Ihren Traumpartner, Ihren Traumjob. Und Sie haben Ihre Ziele einer körperlichen Fitness, eines bestimmten Projektes, einer neuen Selbständigkeit erreicht. Leben ist kein Stillstand! Jetzt will genau dies natürlich auch genossen und gelebt werden. Und es werden neue Aufgaben auf Sie warten, damit Sie dieses Glück leben, aufrechterhalten oder erweitern können. Ihre neue Liebe will beständig – auch im Alltag – glücklich gelebt sein. Auch in Ihrem Traumjob werden immer wieder neue Anforderungen auf Sie warten. Ihre körperliche Fitness will beständig gepflegt oder ausgebaut werden.

Die erreichten Zustände und Traumziele wollen erhalten, weiterentwickelt, verfeinert oder den Umständen entsprechend ständig neu angepasst werden. Die Richtung soll beibehalten werden, aber Sie wollen es vielleicht auf eine höhere Stufe oder eine andere Qualität heben. Dieser *permanente Wandel* macht Leben aus, nehmen Sie dieses Lebensgesetz als selbstverständlich an, und suchen Sie nicht an der falschen Stelle die Sicherheit des Bestehenden. Leben bedeutet ständige Veränderung, Entwicklung, Wachstum, Prozess und Transformation.

Vielleicht aber ruft das Leben auch etwas ganz Neues auf den Plan, weil dieser eine Traum, diese eine Vision erfüllt, gut auf den Weg gebracht, gelebt, abgeschlossen und integriert sind. Dann ist es Zeit, die Zelte an dieser Stelle abzubrechen, weiterzuziehen und woanders weiterzulernen und neue Erfahrungen zu machen. Wir wachsen aus Menschen, Orten und bestimmten Lebensaufgaben heraus. Nichts ist für die Ewigkeit! Heraklit sprach von *„Panta Rhei"* (griech.: alles fließt!) und meinte damit, dass das Leben immer weiterfließt. Dann kommen Sie in eine neue Orientierungsphase, von Ihrem jetzigen Standort und Ausgangspunkt aus. Und Sie lauschen, wonach das Leben und das Herz Sie jetzt rufen. Sie durchlaufen einen neuen Zyklus. Sie empfangen neue Visionen. Sie legen neue aktuelle Werte und Gewichte für Ihr Leben fest. Sie fokussieren sich neu, und Sie gehen einen neuen Erfolgsweg. Und folgen Sie stets Ihrer Intuition für den stimmigen Kompass Ihrer neuen Ausrichtung.

Schauen Sie auch, in welcher Zeitqualität Ihres Lebens Sie sich gerade befinden. Das Leben, wenn man es denn fließen lässt, scheint sich in spezifischen, individuellen und sehr persönlichen Rhythmen einzupendeln. Auf Jahre des Aufbruchs folgen Jahre des Ankommens, der Ruhe. In manchen Zyklusjahren stehen eher berufliche Veränderungen im Vordergrund, in anderen sind es eher private Wachstumsphasen. Gehen Sie in Einklang mit dem, was gerade geschehen soll, sei es, dass Sie die Wahl jetzt haben, oder das Leben genau diese Herausforderung an Sie stellt. Sie können den Fluss nicht selbst vorantreiben, gehen Sie stattdessen mit dem Fluss des Lebens. Schauen Sie in die Natur, und nehmen Sie wahr, wie auch dort alles in Rhythmen verläuft: Die Jahreszeiten stehen für bestimmte Zeitqualitäten des Wachsens, des Blühens, der Ernte, und der Ruhe und des Reifens, in denen nur scheinbar nichts passiert. Alles hat seine Zeit!

Erspüren Sie Ihre spezifische Zeitqualität. Die alten Griechen sprachen von *Kairos,* der Zeit des richtigen Moments, im Gegensatz zu *Chronos,* welche einfach nur die chronologische Abfolge von Zeit – Minuten, Stunden, Tage, Monate und Jahre – meint. *Kairos* meint dann, dass wir uns im Einklang befinden mit dem, was gerade geschehen soll, was am einfachsten fließt. Und diesen Moment gilt es, intuitiv zu erfassen, und ihm dann zu folgen, z. B. in Form einer bestimmten Entscheidung für etwas. Dann reiten Sie mit der Welle, wie es die Delphine tun. Sie nutzen die *Kraft des richtigen Augenblicks* und die Strömung der Welle fürs eigene Vorwärtskommen, und Sie machen es sich damit sehr leicht.

Vertrauen Sie sich dem Fluss Ihres Lebens an! Das bedeutet auch, sich nicht länger am Ufer festzuhalten oder ans einmal erreichte Ufer zu klammern, sondern sich hinaus in die Mitte des Flusses zu wagen, zu schwimmen und sich treiben zu lassen. Nutzen Sie die Strömungen des Flusses und fließen Sie mit dem Strom Ihres Lebens. Verbinden Sie auch unbedingt die eher archetypisch männlich ausgerichteten Qualitäten von *Zielgerichtetheit, Konzentration, Klarheit, Entschlossenheit, Fokussierung* und *Aktivität* mit den archetypisch weiblichen Seinsqualitäten von *Vertrauen, Sanftheit, Anpassungsbereitschaft, Flexibilität* und *Geschehen-* und *Reifen-Lassen.* Diese beiden Qualitäten entsprechen auch den Urprinzipien von *Yang* und *Yin,* die sich auch im *Tag* und in der *Nacht,* im *Einatmen* und im *Ausatmen,* in der *Bewegung* und im *Stillstand* wiederfinden. Sie stehen für polar einander entgegengesetzte und dennoch aufeinander bezogene Kräfte oder Prinzipien.

Dann sind Sie gut aufgestellt, dem Fluss Ihres Lebens sowohl entschlossen zu folgen als auch sich allen Hindernissen und Herausforderungen immer wieder flexibel und geschmeidig anzupassen. Ihr Fluss wird sich auch in seinem Tempo und seiner Form immer wieder verändern. Sie brauchen die unterschiedlichen Qualitäten auf Ihrem Erfolgsweg nicht nur für konkrete Visionen und Ziele, sondern auch für Ihren gesamten Lebensweg und für den persönlichen Fluss Ihres Lebens.

Gesellschaftlicher Wandel

Im Fluss bleiben heißt aber nicht nur, im Fluss der eigenen Zeitqualität und dem, was persönlich für Sie gerade ansteht, zu bleiben. Sondern auch im Fluss der *Zeitqualität der Gesellschaft* zu sein, in der Sie sich befinden. Sehr viele Stimmen sprechen von einer der größten Transformationszeiten unserer Weltgeschichte, die die Menschen auf diesem Planeten gerade durchschreiten und vollziehen (müssen). Die Welt, in der wir leben, verändert sich in einem Tempo und in einer Qualität, wie die Menschen es nie zuvor so intensiv erlebt haben. Dann kann weder die Gemeinschaft einer Gesellschaft noch ein Einzelner so bleiben, wie sie mal waren.

Ich denke da zum Beispiel an die großen Herausforderungen von *Klimawandel und Migration*. Diese Themen gehen uns alle an, und kaum jemand kann sich mehr davor verschließen, als hätte er nicht auch etwas damit zu tun und seinen Beitrag zu leisten. Darüber hinaus werden die bahnbrechenden technologischen Entwicklungen im Zeitalter der *Digitalisierung* und der *künstlichen Intelligenz* unser Leben entscheidend verändern. Klaus Schwab, Vorsitzender des *„Weltwirtschaftsforums"*, spricht in seinem gleichnamigen Buch von der sogenannten *„4. Industriellen Revolution"*. Und er prognostiziert, dass sich unsere Art zu leben, zu arbeiten und miteinander zu interagieren, grundlegend wandeln wird, sei es durch das Aufkommen neuer Geschäftsmodelle, die Destruktion etablierter Unternehmen oder durch neue Produktions-, Konsum-, Transport- und Liefersysteme. Es werde sich nicht nur verändern, was wir tun, sondern auch, wer wir sind.

Egal, was Sie von diesen großen Umwälzungsprozessen halten, oder wie sehr Ihnen die Ungewissheit dieser Entwicklung zu schaffen macht: Sie werden mehr denn je dazu gezwungen werden, sich andauernd flexibel auch diesen Wandlungsprozessen anzupassen. Gerade im Zeitalter dieser großen gesellschaftlichen und politischen Wandlungsprozesse und Herausforderungen braucht es Bewusstsein für die (Mit-)Verantwortung jedes Einzelnen von uns für das große Ganze und für einen Wandel, der dem Leben und der menschlichen Würde im Speziellen dienlich ist. Die Entwicklung der Digitalisierung und künstlichen Intelligenz wird nicht aufzuhalten sein. Gerade dann aber wird das Herz eines jeden Menschen gefragter und notwendiger sein denn je zuvor, ganz besonders wenn es um die

Zwischenmenschlichkeit, aber auch um Kreativität und Flexibilität geht.

Ihr persönlicher Ton will klingen

Wie auch immer Ihre persönlichen Herausforderungen aussehen mögen, die das Leben Ihnen an Anpassungsbereitschaft immer wieder abverlangt, bleiben Sie stets Ihrem Herzen und Ihrem persönlichen, aktuellen Kompass treu. Die Welt braucht Menschen, die ihren *persönlichen Ton* in die Welt tragen. Und Ihr Ton sollte Ihre Werte, Ihr Herz, Ihr Wesen und Ihre Gaben zum Vorschein und zum Klingen bringen – auf dem Weg zu Ihren einzelnen Zielen, Träumen und Visionen, und auf Ihrem gesamten Lebensweg! Hören und lauschen Sie Ihrer persönlichen und einzigartigen Lebensmelodie, die Sie in sich tragen, heute, morgen und immer wieder neu. Finden Sie Ihre eigene Note, Ihren eigenen Klang, und dann auch die Erfahrung des Zusammenspiels und des Rhythmus, in dem alles zusammenklingt und schwingt in der Welt, in der Sie leben.

Möge Ihre Melodie über alle Dissonanzen und Spannungen hinweg ihren vollen Klang entfalten in der großen Musik des Lebens, in der Symphonie allen Seins. Mögen Sie von dieser Kraft beflügelt werden, und Ihr Herz jubeln vor Freude – zu Ihrem Wohle und zum Wohle aller! Das wünsche ich Ihnen von Herzen.

Epilog

Jedes Buch muss ein Ende finden, sonst kann es nicht gedruckt und unter die Menschen gebracht werden. Dies erfordert wiederum Mut vom Autor, und ebenso eine relativ willkürliche Entscheidung, es zu einem bestimmten Zeitpunkt für fertig zu erklären. Ein Buch ist immer eine zeitliche Momentaufnahme. Und so stimme auch ich der *unvollkommenen Vollkommenheit* zu, die jedes Buch – und damit auch meins – beinhaltet.

Ich habe die Erfahrung gemacht, dass die Frau, die dieses Buch begonnen hat, nicht die gleiche Ursula ist wie diejenige, die jetzt den Epilog schreibt. Über diese Entwicklung freue ich mich. Ich habe viel Herzblut, viele Gedanken, Zeit und Energie in dieses Buch hineingegeben. Und dieser Prozess des Schreibens hat mich auf ungeahnte Weise herausgefordert und gleichzeitig reich beschenkt. Nun bin ich auch beseelt von einem stolzen Glücksgefühl, diesen Weg gegangen zu sein und mein Buch auf die Welt gebracht zu haben, diese Gestalt geschlossen zu haben, wie die Gestaltpsychologie es ausdrückt.

Einer der Sätze aus dem von mir geschätzten und sehr besonderen Buch *„Ein Kurs in Wundern"* lautet:

„Lehre, was Du leben willst, und lebe, was Du lehrst."

Dies habe ich in und mit diesem Buch versucht, und den zweiten Teil des Satzes werde ich weiterhin im Blick haben – auf meinem eigenen weiteren Lebensweg. Ein nächster Schritt wird sein, dass dieses Buch Sie als Leser erreicht und bereichert. Und wer weiß, was sich sonst noch daraus entwickeln wird …!

Nur langsam gewöhne ich mich an das noch etwas mulmige Gefühl, mich auf völlig neue Weise mit meinem Buch sichtbar zu machen. Nun – das gehört zum Mut, ein Buch zu schreiben. Ich freue mich, mit Ihnen in Kontakt zu kommen!

Dank

Ich bedanke mich bei all den vielen Menschen, die mir Anregungen zu diesem Buch gegeben haben. Und ich bin auch dankbar für alle anderen Quellen, z. B. in Form von Büchern oder Seminaren.

Danke an meine vielen Lehrer, die mir Wissen, Erkenntnis und auch Weisheit vermittelt und weitergegeben haben. Danke auch an meine Klienten, durch die ich in meiner Arbeit viel lernen und erfahren durfte.

Danke auch an die Lehrer des Lebens, die Herausforderungen und Prüfungen, die meinen *Diamanten* geschliffen haben und die mich zu der Person gemacht haben, die ich heute bin.

Von Herzen danke ich all jenen Menschen, die an mich und dieses Buchprojekt glaubten und mich ermutigend im Hintergrund begleiteten und unterstützten, ganz besonders meinem Mann und so einigen lieben Freundinnen!

Mein ganz besonderer Dank gilt meinem Buchcoach Achim Gralke. Er hat mich auf wunderbare Weise in seiner motivierenden, geduldigen und höchst kompetenten Betreuung auf meinem Weg zur Geburt dieses Buches begleitet, und dies auch, wenn der Geburtskanal mal enger wurde und Zweifel meine Gefühlslage bestimmten. Ohne ihn hätten Sie dieses Buch nicht in dieser Qualität in Ihren Händen!

Durch seine Unterstützung konnte ich aber auch eine neue heilsame Erfahrung machen, nämlich dem alten Glaubenssatz in mir *„Ich muss immer alles alleine schaffen"* etwas Neues entgegenzusetzen. Ich erzähle Ihnen dies ganz bewusst in dieser Offenheit, um auch Sie zu ermutigen, in Ihrem Leben neuen Erfahrungen Raum zu geben, so dass Sie manch alten und begrenzenden Glaubenssatz hinter sich lassen können.

Über die Autorin

Finden, was wirkt – so könnte Ursula Vellings Leitgedanke heißen, der schon früh ihr Interesse an der Psychologie geweckt hat und sie bis heute als Psychologin durch ihre Arbeit trägt.

Sie liebt es, die verborgenen Muster, Verstrickungen und Verhinderungen von persönlichem Glück ihrer Klienten zu entdecken und Lösungen zu *finden*, die *bewirken*, dass es wieder leichter, freudvoller und selbstbestimmter weitergehen kann.

Als Psychologin nahm Ursula Velling sehr schnell einen eher unkonventionellen Weg – im Sinne der Auswahl der Methoden, die sie erlernte und bis heute anwendet. Sie zog es zu den sehr kraftvollen und lösungsorientierten Ansätzen, wie zum Beispiel den systemischen, potenzialorientierten, humanistischen und energetischen Therapien. Ihr Steckenpferd ist die Systemische Aufstellungsarbeit, die tieferliegende Wirkungen und Verhinderungen auf besondere Weise sichtbar macht und Lösungswege und Veränderungen ermöglicht.

Ihre Interessen und ihr Leben gehen auch weit über die Psychologie hinaus.

Ursula Velling ist gerne unterwegs auf Reisen – manchmal auch zur persönlichen Weiterentwicklung, wenn Sie auf diversen Vorträgen, Seminaren, Tagungen und Kongressen ihre große Sehnsucht nach Wissen, Erkenntnis und Weisheit stillt und sich dort mit Gleichgesinnten austauschen kann.

Dann liebt sie es wieder, mit ihrer Familie und ihren Freunden zusammen zu sein. Und sie findet ihren persönlichen Ausgleich in der Musik, beim Singen und beim Tanzen, beim Yoga und draußen beim Wandern und Laufen in der Natur.

Körper, Geist und Seele brauchen alle ihren Raum …

Weitere Informationen finden Sie unter www.ursula-velling.de

Quellen von zitierten Autoren im Buch und ausgewählte Buchempfehlungen zur weiteren Vertiefung

Austermann, Alfred R./Austermann, Bettina (2006): Das Drama im Mutterleib – Der verlorene Zwilling. Berlin: Königsweg Verlag

Betz, Robert (2010): Raus aus den alten Schuhen. 6. Aufl. München: Integral Verlag

Betz, Robert (2011): Willst Du normal oder glücklich sein. 7. Aufl. München: Heyne Verlag

Bischoff, Christian (2012): Der Weg des Meisters. 1. Aufl. Leipzig: Draksal Fachverlag

Chopra, Deepak (2016): Die sieben geistigen Gesetze des Erfolgs. 11. Aufl., München: Heyne Verlag

Condo, Marie (2019): Magic cleaning – Wie richtiges Aufräumen Ihr Leben verändert. 40. Aufl. Hamburg: Rowolt Taschenbuch Verlag

Condo, Marie (2019): Magic cleaning -Wie Wohnung und Seele aufgeräumt bleiben. 11. Aufl. Hamburg: Rowolt Taschenbuch Verlag

Cooper, Diana (2014): Der spirituelle Lebens-Ratgeber, 12. Aufl., München: Ansata Verlag

Dispenza, Joe (2010): Schöpfer der Wirklichkeit. Dorfen: Koha Verlag

Dyer, Wayne W.(2009): Shift. Das Geheimnis der Inspiration. Film. München: Ullstein Verlag

Dyer, Wayne W. (2005): Mit Absicht – Den eigenen Lebensplan erkennen und verwirklichen. 2. Aufl., München: Goldmann Arkana Verlag

Franck, Pierre (2008): Das Gesetz der Resonanz. Dorfen: Koha Verlag

Grün, Anselm (2017): Versäume nicht dein Leben. München: dtv Verlag

Gundl, Boris (2014): Steh auf! Bekenntnisse eines Optimisten. 8. Aufl., Berlin: Econ Verlag

Hellinger, Bert/ten Hövel, Gabriele (1998): Anerkennen, was ist. Gespräche über Verstrickung und Lösung. München: Kösel Verlag
Hüther, G. (2016): Bedienungsanleitung für ein menschliches Gehirn. Göttingen: Vandenhoeck und Ruprecht GmbH & Co. KG Verlag
Hüther, G. (2017): Was wir sind und was wir sein könnten, 8. Aufl., Frankfurt am Main: Fischer Verlag.
Lansch, Enrique Sánchez /Grube, Thomas (2004): Rhythm is it. Film. Berlin: Boomtown Media
Lindau, Veit (2012): SEELENGEVÖGELT – Manifest für das Leben. 3. Aufl. Life Trust Verlag
Lindau, Veit (2015): Werde verrückt – Wie Du bekommst, was Du wirklich-wirklich willst. 3. Aufl. München: Kallash Verlag
Lipton, Bruce (2016): Intelligente Zellen, Dorfen: Koha Verlag
Mandela, Ndaba (2018): Mut zur Vergebung. Das Vermächtnis meines Großvaters Nelson Mandela. Köln: DuMont Verlag
Müller, Ugi (2017). Mühelos manifestieren. Gladbeck: Panfokus Verlag
Murphy, Joseph (2000): Die Macht Ihres Unterbewusstseins. 64. Aufl., München: Hugendubel Verlag
Rydall, Derek (2017): Entfalte die Kraft deines Seelenplans – Die eigene Lebensaufgabe finden und verwirklichen. 1. deutschsprachige Ausgabe. München: Trinity Verlag
Schlochow, Barbara (2017): Gesucht: Mein verlorener Zwilling. 2. Aufl. Books on demand
Schneider, Jakob Robert (2006): Das Familienstellen – Grundlagen und Vorgehensweisen. Heidelberg: Carl-Auer-Systeme Verlag
Steinmann, Evelyne (2007): Der verlorene Zwilling. 2. Aufl., München: Kösel Verlag
Schucmann, Helen (2018): Ein Kurs in Wundern. 13. Aufl., Freiburg: Greuthof Verlag
Schwab, Klaus (2016): Die vierte industrielle Revolution. 4. Aufl. München: Pantheon Verlag
Tipping, Colin C. (2006): Ich vergebe. Der radikale Abschied vom Opferdasein. 6. Auflage. Bielefeld: Kamphausen Verlag